JN253699

シリーズ●21世紀の地域②

コンテンツと地域

映画・テレビ・アニメ

原 真志
Shinji Hara
山本健太
Kenta Yamamoto
和田 崇
Takashi Wada
編

ナカニシヤ出版

はしがき

21 世紀を迎えた今日，地域を振興するための一方策として，文化とりわけ映画・テレビ・アニメなどのコンテンツへの関心が高まっている。都市においては，文化・コンテンツと産業を融合させた文化産業・コンテンツ産業を振興し，創造性と革新性を備えた創造都市として発展していくことが期待されるようになっている。一方，地方においても，当該地域を舞台としたコンテンツの制作・流通を契機としたツーリズムや特産品開発など，コンテンツを活用した地域振興の動きが広がっている。これらについて，経済学や経営学，地理学を中心に，文化産業，コンテンツ産業，創造都市に関する研究が蓄積され，その成果が発表されてきた。また，観光学や地理学を中心に，コンテンツツーリズムの実態把握と方法論の提起などが行われてきたところである。

このように，文化産業やコンテンツ産業への注目が高まり，それらを活用した創造都市，コンテンツツーリズムが模索される中で，それらを統合した，すなわちコンテンツの制作から流通，活用までを一体的に捉え，俯瞰する試みはなされてこなかった。また，日本地理学界では，文化産業やコンテンツ産業，コンテンツツーリズムなどに関する研究も端緒についた段階にあり，それらが整理，体系化されているとは言いがたい現状にある。

本書は，こうした状況を踏まえ，日本の映像コンテンツ産業の生産・流通システムを地域とのかかわりから明らかにするとともに，都市・地域政策におけるコンテンツ活用の充実に向け，その実態を把握し，課題と可能性を検討し，それを地理学界はもとより関連学界，さらには一般社会に向けて広く発信することを目的として，日本地理学会情報地理研究グループのメンバーである原と山本，和田が中心となって企画したものである。日本には，世界に冠たる，しかしハリウッドなどとは異なる性格をもつ映像コンテンツ産業が存在する。また，それらは日本人の生活や産業の隅々まで浸透するとともに，それを活用したユニークな地域振興の取組みが行われている。こうした状況を報告した上で，映像コンテンツ産業のあり方とコンテンツを活用した地域振興方策を展望するのが本書のねらいである。

本書は，映画やテレビ，アニメといった映像系コンテンツを扱う日本の地理学者７名が，地理学関係の学術雑誌に投稿し，収録された論文に，新たな書き下ろしを加えた10章（序論を加えると11章）から構成されている。各章の雑誌論文としての初出は下記のとおりであるが，今回は幅広い読者を想定した書籍であることを踏まえて，各章とも内容を取捨選択して書き改め，あるいは，それぞれの骨子をもとに書き下ろしている。執筆にあたっては，編者と執筆者の間のやりとりによって内容を検討し，その上で編者が表現の統一を図った。なお，図表の整理は和田が担当した。

序　章	書き下ろし
第１章	半澤誠司（2007）．日本における映像系コンテンツ産業の分業と集積（東京大学大学院総合文化研究科博士論文
第２章	書き下ろし
第３章	Yamamoto, K. (2009). The agglomeration structure of the animation industry in East Asia: A case study of Tokyo, Seoul and the Shanghai region. *Science Reports of Tohoku University 7th Series(Geography)* **57**, 43–61.
第４章	山本健太（2013）．地方におけるアニメーション産業振興の可能性―沖縄スタジオの事例　地理科学 **68**, 202–210.
第５章	和田　崇（2014）．インド映画産業にみられるランナウェイ・プロダクション―日本ロケ作品を事例に　地理科学 **69**, 51–68.
第６章	Wada, T. (2012). Regional revitalization using contents: Relationship between media contents and real space. *The Review of Tokuyama University* **74**, 129–150.
第７章	有馬貴之・菊地俊夫・新井風音・大野　一・桜澤明樹・真田　風・戸川奈美・中島一優・長谷川晃一・山口ともみ・山田将彰（2012）．長野県安曇野市におけるメディアの効果と地域の再編―NHK　連続テレビ小説『おひさま』がもたらすもの　観光科学研究 **5**, 1–14.
第８章	岩鼻通明（2012）．スクリーンツーリズムの効用と限界―「スウィングガールズ」と「おくりびと」を事例に　季刊地理学 **63**, 227–230. 岩鼻通明（2010）．地方発信映画にみる地方都市再生の試みとその担い手―山形県における映画「よみがえりのレシピ」を事例として　日本科学者会議第18回総合学術研究集会予稿集，268–269.
第９章	和田　崇（2013）．キャラクターを活用した地域振興―島根県の事例　地理科学 **68**, 222–231.
第10章	和田　崇（2014）．オタク文化の集積とオタクの参画を得たまちづくり―大阪・日本橋の事例　経済地理学年報 **60**, 22–36.

本書に収録された研究では，アンケート調査やヒアリング調査にあたり，数多くの自治体，団体，企業，NPOの方々の協力を得た。ここに記して感謝の意を示したい。

また一部の研究には，以下のとおり，科学研究費等を使用した。

○平成 15 年度福武学術文化振興財団「新興文化産業の地理的集積と地域政策の新展開」(研究代表者：松原　宏，第 1 章)
○平成 15 年度放送文化基金「テレビ番組制作業の企業経営—番組制作外注と著作権管理」(研究代表者：半澤誠司，第 1 章)
○平成 24 年度科学研究費補助金「コンテンツ産業の技術変容と地方分散」(若手研究（B)，課題番号 24720381，研究代表者：半澤誠司，第 1 章)
○平成 20〜21 年度科学研究補助金「コンテンツ産業の大都市集積と国際分業に関する研究」(特別研究員奨励費，課題番号 08J03145，研究代表者：山本健太，第 3・4 章)
○平成 23〜25 年度科学研究費補助金「デジタル時代の情報生成・流通・活用に関する研究」(基盤研究（B)，課題番号 23320187，研究代表者：和田　崇，序章，第 4・6・9・10 章)
○平成 23〜25 年度科学研究費補助金「インド成長産業のダイナミズムと空間構造」(基盤研究（B)，課題番号 23320185，研究代表者：友澤和夫，第 5 章)
○平成 24〜26 年度科学研究費補助金「映画を通した地域活性化の日韓比較研究」(基盤研究（C)，課題番号 24520884，研究代表者：岩鼻通明，第 8 章)

日本の映像コンテンツ産業は，デジタル化やグローバル化などの環境変化を受けて，大きな転換の時期にある。また，コンテンツを活用した地域振興の取組みは，その数が急増するとともに，活用方法も実に多様化している。そのため，本書で取り上げた事例の中には，コンテンツ産業の最新動向からみてやや古いものがあったり，コンテンツを活用した地域振興の一部の取組みしか紹介できなかったりするのも事実である。しかし，本書が，コンテンツ産業とそれを活用しようとする地域のありようを読み解き，今後を展望する上でのなにがしかの手がかりを示しうるのであれば，編著者一同にとってこれに勝る慶びはない。

最後に，困難な出版事情の中で，今回の出版を快くお引き受けいただいたナカニシヤ出版社長・中西健夫氏ならびに同第二編集部・米谷龍幸氏に厚くお礼申し上げます。

執筆者を代表して

原　真志

山本健太

和田　崇

目　次

第Ⅱ部　映像を活用した地域振興

序章 文化産業・コンテンツ産業と地理学

経済活動のダイナミズム，とりわけグローバルな産業のダイナミズムは，製造業を中心として論じられることが多かったが，経済活動における情報と知識の役割の重要性が認識され，ハードだけでなくソフトの側面が注目されるようになってきた。コンテンツに対する関心の高まりも，この論点の延長上に位置づけられる。また，日本においては近年，地域の個性を活かした振興を図ることが求められるようになっており，地方における映画やテレビドラマなどのロケ誘致と観光振興が盛んに行われていることに加えて，コンテンツを活用した日本独自の地域振興策が数多く試みられていることが大いに注目される。本書は，日本に独自のコンテンツ産業のダイナミズムとコンテンツを活かした地域振興という二つのテーマに関して，現状を整理した上で，今後の課題と可能性をさぐるものである。本章では，その前提として，文化産業やコンテンツ産業に関する議論と研究動向を整理し，本書がめざすところを明らかにする。

1 文化と文化産業

1）文化の産業化に対する眼差し

文化の産業化については，これまで賛否交々に議論されてきた。たとえば，古くは20世紀初頭にアドルノらは，文化を産業化すると，市場の需要に対応するため，製品は規格化されるとして，批判している（ホルクハイマー・アドルノ，1990）。彼らによれば，文化が産業化することによって，その生産物は，芸術的価値よりも経済的価値が優先される。結果として，市場に流通する文化製品は，ある種の様式に当てはめられ，画一化されてしまう。それゆえ，文化の芸術的価値を維持，向上するためには，文化を他の消費財と同様に扱ってはならないと主張する。このようなホルクハイマーとアドルノの文化に対するまなざしは，「理想主義的文化エリート主義」と位置づけられる。すなわち，芸術性が高く，真正性の高いもののみを文化として認め，文化の大衆化，とりわけマスメディアによる文化製品の発信[1)]に対して否定的な姿勢をとるのである。

これに対して，近年のポップミュージックや服飾ファッションが興隆する中で，大衆化した文化にも価値を認める姿勢が一般的になりつつある。このような姿勢は，「大衆文化の正当化」（Pratt, 1997）といわれている。このような立場からの主張によれば，資本主義市場では，多種多様なニーズを満たすため，さまざまな文化製品が登場し，その中から消費者を満足させうるもののみが残る。この激しい競争の中で，文化の質は磨かれ，高まっていくのである（山本, 2013）。

2）文化産業の枠組と空間的偏在

先進国のみならず，一部の発展途上国においても芸術・音楽・映画・アニメ・ゲームといった文化や創造的なアウトプットをもつ産業が注目されている。これら産業の呼称は，パワー（Power, 2002）やプラット（Pratt, 2005）が定義の問題と指摘するように，国や分野によって多様であり，その対象範囲も微妙に異なる。狭くは映画・演劇・音楽・マンガ・アニメなどの文化製品を生産するものとして認識されるものから，広くは工業製品のデザインやファッション，宝飾，アート的価値を含む伝統工芸までを含みうる。

こうした文化産業の概念を整理する試みとして，スロスビー（2002）は，「生産物に創造性を含んでいて，いくらかの知的所有権を具体化し，象徴的な意味を伝える」（p.178）ものとして文化商品を性格づけ，文化産業の同心円モデルを提示している。このモデルでは，独創的なアイデアを生み出す個人や産業を

1）ホルクハイマーとアドルノが『啓蒙の弁証法』を執筆した1947年当時のマスメディアはラジオや映画であった。

核に据えている。この核の外側には，核部分が生み出すイメージを，製品として市場で売買する産業群を配置している。そのさらに外側には，これら文化製品を，間接的に利用する産業群を位置づけている。

これら文化産業の多くは，大都市地域を中心に集積してきた。それは大都市が，国民経済のみならず，世界経済の中でも文化や情報の発信基地としての役割を与えられてきたこと，多種多様な産業が立地していたことと無関係ではない。産業の空間的偏在を扱うことを得意とする経済地理学の分野では，立地・取引費用・労働市場の視点から，文化産業が高コストの先進国大都市に集積する傾向を明らかにしてきた。

中でもスコット（Scott, 2010）の研究は特質すべきである。彼はそれまでの文化産業研究の成果の一つとして，中心に文化経済のコアセクター，補完的クラフト・ファッション・デザイン活動，地域労働市場が同心円構造となり，その周りに広い都市環境（ミリュウ）として，①伝統・規範・立地の記憶，②視覚景観，③余暇機会，④近隣居住環境，⑤教育・訓練活動，⑥社会ネットワーク，の6つの構成要素をあげ，最外延に政府・集合秩序が位置するという都市

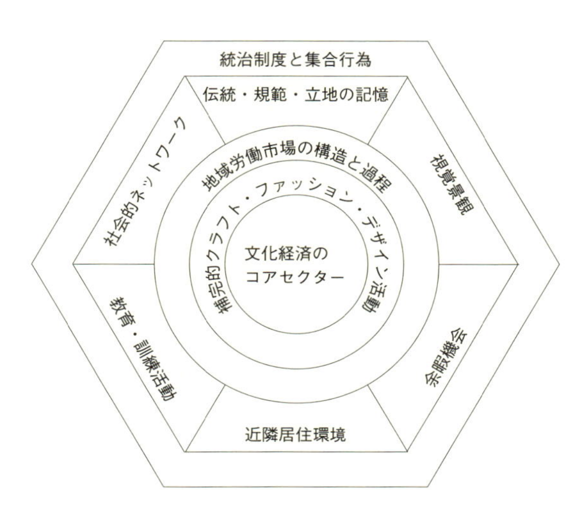

図 0-1　都市のクリエイティブフィールドの模式図

（Scott（2010）より作成）

のクリエイティブフィールドの模式図を示している（図 0-1）。文化産業はそれ単独で成立しうるものではなく，それを囲むさまざまな要素によって支えられている。大都市は，多様な産業の集積や潤沢で継続的な資本投下，豊かなインフラ，大小様々な市場ニーズの存在など，これら文化産業が立地しやすい環境となっているのである（原, 2005；2013a）。

なお，本書が対象とする映画やテレビ，アニメに関連する産業の位置づけをみると，映画産業が社会の中でメジャーな存在となっているアメリカでは，ハリウッド映画産業を中心としたショービジネスに関連する一大産業を，テーマパークなども含めたかたちでエンターテインメント産業と呼び，日常的に新聞，雑誌などでよく用いられている（Vogel, 2014）。これに対して日本や韓国では，劇場・テレビ・IT・DVD などさまざまなメディア（媒体）によって伝えられる中身という意味での「コンテンツ」という概念を用いたコンテンツ産業という表現が普及している[2)]。

2 映画産業の地理学

本節では，日本における独自のコンテンツ産業のダイナミズムを解明する前提として，地理学におけるコンテンツ（産業）研究の中で研究蓄積がもっとも豊富な映画（産業）に注目し，地理学分野で展開されてきた映画産業の生産・流通システムとその空間構造に関する研究の動向と本書の内容に関連するおもな論点を整理する。

1）柔軟な専門化論

映画産業に関する地理学的研究は，1980 年代なかばから，アメリカ・ロサンゼルスを中心に行われるようになった。それらの研究は，1980 年代以降の先進

2）これは知的財産戦略本部が 2003 年 7 月に発表した「知的財産の創造，保護及び活用に関する推進計画」（知的財産推進計画）が，官民を挙げたコンテンツ振興策の起点とされている。2007 年から 2012 年の日本のコンテンツ産業市場規模の推移をみると，動画，音楽・音声，ゲーム，静止画・テキストを合わせておよそ 12 兆–13 兆円規模であり，GDP 比で約 2.6% となっている。

資本主義国における，資本主義の発展様式の変化を説明するレギュラシオン学派の影響を受けた，ポスト・フォード主義論の高揚の中で活発化した。ポスト・フォード主義論は，1960年代まで先進資本主義国において卓越していた大企業による大量生産モデルに対して，1970年代以降には，不安定な市場（需要の変動）に対応するために，中小規模の企業や工場が垂直的・水平的分離の兆候を示す「柔軟な専門化」がみられるようになったと主張する。

柔軟な専門化に関する事例研究の対象として，ロサンゼルスの研究者ら（いわゆる「ロサンゼルス学派」）から注目されたのがハリウッドの映画産業である。その理由としては，①大量生産モデルから柔軟な専門化による生産システムへの移行が顕著であること，②産業界全体が柔軟な専門化による生産システムに移行したこと，③個人や小規模企業による生産システムの伝統をもたないこと，が挙げられる（Storper, 1989）。

1940年代なかばまでのハリウッド映画産業は，制作・配給・興行という一連のビジネスを特定のメジャー企業[3]が握る，垂直的統合の構造をなしていた。このうち制作については，メジャー企業が設備と人材を企業内部に抱え，標準化された製品としての映画を大量に制作するスタジオシステムが確立されていた。しかし，1948年のパラマウント同意判決にもとづいて映画館がメジャー企業の経営から切り離されたことと，1950年代には家庭にテレビが普及したこととモータリゼーションや郊外居住の進展によって都心の映画館が衰退し，映画市場全体が縮小したことから，メジャー企業はコストを削減すると同時に，テレビ番組との差別化を通じて作品の魅力を向上させる必要が生じた。そのためメジャー企業は，設備と人材を企業内部に抱えるかたちで制作を続けることをやめ，制作工程を独立系の制作企業やフリーランサーに専門的に委託するようになった。こうして，垂直的統合を特徴とするスタジオシステム（大量生産モデル）は崩壊し，垂直的分離，柔軟な専門化を特徴とする生産システムへと移行した。この生産システムは，長期的な取引関係をベースとする企業組織間の結合関係がみられる製造業とは異なり，プロジェクトごとに必要なプレーヤ

3）「ビッグ5」と呼ばれる，メトロ・ゴールドウィン・メイヤー，パラマウント，20世紀フォックス，ワーナー・ブラザーズ，RKOの5社を指すことが多い。

ーが離合集散する時限組織の性格を有する点に特徴がある（Grabher, 2002)。

しかし実際には，ハリウッド映画産業のすべてが柔軟な専門化による生産システムに移行したわけではない。この点についてアクソイとロビンスは，ストーパーらの研究がメジャー企業の力を過小評価しており，実際にはグローバル化・多様化する流通やマーケティング，資金調達の点においてメジャー企業が重要な役割を果たしていると批判した（Aksoy & Robins, 1992)。またスコット（Scott, 2002；2004）は，ハリウッド映画産業では独立系企業やフリーランサーによる制作のみでなく，メジャー企業による寡占も同時にみられ，特にグローバル化する市場競争の中で投入が必要となった超大作については，巨額の資金調達や大規模なマーケティングと広告宣伝の必要から，メジャー企業とその系列企業の支配力が大きいと指摘した。

これらの研究蓄積を踏まえ，スコットは，ハリウッドにおける映画産業の地域構造を模式的に示した（Scott, 2005)[4)]。ハリウッドの中心部には，メジャー企業を核として，それらと取引関係のある独立系制作企業と専門化したサービス企業が集積する。それらを取り巻くかたちで，地域労働市場，制度的環境，地理的風土が同心円をなす。また，そこで制作された映画のうち，メジャー作品はメジャー企業が，インディペンデント作品は独立系配給企業が，それぞれの市場に配給する。それぞれの市場からは，売上げが回収されるとともに，市場情報がフィードバックされ，次の作品を制作する際の参考とされる。

2）都市の新しい形態

ロサンゼルス学派の研究者たちは，映画産業に代表される柔軟な専門化論の登場を踏まえて，ロサンゼルスに出現した都市の新しい（ポストモダンの）形態についても言及している（加藤, 2003)。アメリカの諸都市では，大規模かつ垂直に統合された組立ラインからなるフォード主義的な大量生産工場の斜陽（脱産業化）がみられる一方で，大量の非熟練労働力に依存した搾取工場とハイテク産業・文化産業が同時に興隆（再産業化）し，専門的な企業や創造的な

4）スコットの別の文献（Scott, 2010）も参照のこと。

5）詳細は友澤（1995）を参照のこと。

人材が空間的に集中する「新産業空間」(Scott, 1988)[5] が出現した。ロサンゼルスは，大量生産モデルと柔軟な専門化による生産システムの両方が確認できる都市として，ロサンゼルス学派の研究者たちの格好の研究対象となったのである。

映画産業都市の特徴としてまず挙げられるのが，関連産業の集積と都市整備の進展である。スコットが示したように，ハリウッドではメジャー企業と独立系制作企業に加えて，専門化したサービス企業が集積する。また，ロサンゼルス大都市圏全体をみれば，映画だけでなく，伝統的な家具や宝石加工，ファッションに加え，音楽，マルチメディア，コンピュータ・グラフィック（CG），デザインなど，多様な文化産業が集積している。これらが複雑に関係しながら，映画をはじめとする文化製品を次々と生産しており，映画産業が幅広い関連産業の集積を生み，関連産業の集積が映画産業の競争力をさらに高めている。

こうした関連産業の集積と発展は，映画産業にさらなる人口と資金の流入をもたらすほか，企業による投資や行政事業を通じて，「映画の都」にふさわしい建造物が建築されたり，再開発などの都市整備が行われたりするようになる。たとえば，犯罪が数多く発生し「危険」とみられていた地区では，ホテルと映画館，劇場が併設された大型ショッピングモールやビジネスインキュベーション施設が整備されるなどの都市再開発が行われ，都市イメージも大きく改善した。

次に挙げられる映画産業都市の特徴は，クリエイティビティの発生である。柔軟な専門化による生産システムが出現した都市では，特殊な工程や技能に特化した専門的な企業間の多様かつ柔軟な結合が観察できる。ハリウッドにおいても，プロジェクトごとに短期間かつ多様な企業間結合がみられ，市場ニーズに対応した映画制作が行われる。そこには常に外部から人材が流入し，当該産業にかかわる人材がリフレッシュされるとともに，彼らが分業し，相互に交流することで，新たな作品（製品）を生み出す苗床として機能する。このように，ハリウッドのような柔軟な専門化による生産システムが出現した都市は，文化的あるいは技術的なイノベーションを生み出すクリエイティブな場所としての機能をもつようになる[6] (Scott, 2001)。

3) ランナウェイ・プロダクション

映画産業は，大都市への集積がみられる一方で，撮影工程を中心に，国内外の他都市への空間的移転（ランナウェイ・プロダクション）も同時に確認できる。ハリウッドを例にとれば，1980年代からハリウッドのスタジオ外でのロケが活発化し，1980年代後半にはロケ地はアメリカ国外にも拡がってきた。ハリウッドにおけるスタジオ外でのロケの活発化は，スタジオシステムの崩壊と垂直的分離を特徴とする映画制作方式の導入と深く関係している。メジャー企業に続いて生まれた独立系制作企業は，制作コストを削減するため，メジャー企業が保有するスタジオでの撮影ではなく，コストがかからないスタジオ外でロケを行うようになった。こうして始まったロケは，コスト削減効果のみならず，作品の内容や映像に多様性と地理的リアリティを与えることになり，それが観客にも受け入れられたことから，標準的な映画制作手法として定着するようになった。

スコットは以上の議論を整理して，ハリウッドにおけるスタジオ外でのロケを，制作コストを削減するために人件費や物価の安い場所でロケを行う経済的ランナウェイと，内容の真正性を確保するために特定の場所を指定してロケを行う創造的ランナウェイに大別した（Scott, 2002）。これに関してスコットとポープは，映画産業にみられるランナウェイ・プロダクションは，半導体製造業のように経済的理由のみから行われるわけでなく，作品の真正性や地理的リアリティを高める制作上の理由（創造的理由）から行われる点に独自性があると指摘している（Scott & Pope, 2007）。

こうした制作者側の動きに対し，ロケ地の中央政府や自治体は，スタッフの滞在や観光客の訪問に伴う観光収入，関連産業の集積と発展，映画を通じた都市イメージの向上などが期待できることから，1980年代からはフィルムコミッションの設立，1990年代には税制優遇や補助金支出などに取り組むなど，ロケの誘致・支援を積極的に行うようになった（Christopherson, 2006）。こうし

6）スコットは，都市のクリエイティビティは，都市における生産，労働，社会生活が相互に複雑にからみあうことで内発的に創出されるものとみて，フロリダが主張するように，特定のタレントが都市に持ち込むようなものではないと指摘している（Scott, 2006）。

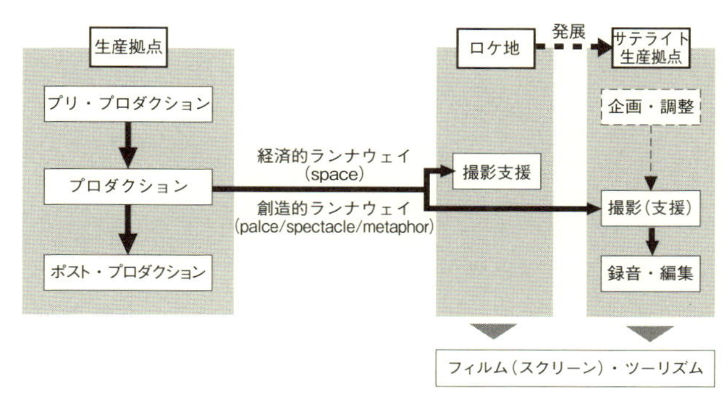

図 0–2　ランナウェイ・プロダクションの構図
（和田（2014：52）より引用）

た政策的支援もあり，ロケ地は，1980 年代なかばまでは組織化されない未熟練労働力が輸送，ケータリング，清掃などのロケ支援サービスを提供したが，1980 年代後半からは録音や編集，特殊効果などのサービスも提供するようになるなど，映画制作における役割を拡大させてきた（図 0–2）。

ハリウッド映画の代表的なランナウェイ・プロダクション先となったのが，カナダのバンクーバーである。バンクーバーがハリウッド映画のロケ地として選好された要因として，人件費の安さや為替相場の有利さなどの経済的要因に加え，移動時間の短さや時差がないことなどの地理的要因，ハリウッド関係者との社会的ネットワークの存在などの社会的要因，税制優遇や撮影支援などの政策的要因が挙げられる（Coe, 2000）。またバンクーバーは，20 年以上のロケ受入の経験を通じて技術や関連産業，専門的な労働力，社会的ネットワークの蓄積がすすみ，単なるロケ地にとどまらず，映画関連産業が発展・集積した映画生産基地に成長してきた。ハリウッドのランナウェイ・プロダクション先は近年，バンクーバーだけでなく，ニュージーランドのウェリントンやインドのムンバイーなど世界中に拡大している。

こうしたランナウェイ・プロダクションの進展は，ロサンゼルス大都市圏における映画産業の空洞化を招くことも懸念される。しかし，撮影工程にみられるランナウェイ・プロダクションが進展する中でも，ハリウッド映画の企画立案や資金調達，配給をめぐる意思決定や調整は依然としてロサンゼルスを中心に行われているのが現状である。すなわちハリウッドは，ローカルな産業集積とグローバルなネットワークをもとに，映画プロジェクトを遂行するハブとして機能しているのである。

4）フィルムツーリズム

映画制作においてスタジオ以外でのロケが活発になり，ロケ地の景観が映画に映し出されるようになると，映画鑑賞者の中にはロケ地等を実際に訪問し，鑑賞した映画の作品世界を追体験したり，人気俳優などスターの名声を感じたりしようとするフィルムツーリズムの動きがみられるようになった。フィルムツーリズムは，メディアから得る知識や情報が旅行の重要な誘因となる現代観光において急速に発展してきたものである。フィルムツーリズムにはさまざまな形態があり，それらは，①ロケ地への訪問，②ツアーへの参加，③誤解した訪問，④スタジオ等への訪問，⑤イベントへの参加，⑥自宅での旅行の擬似体験，の6つに大別される（Beeton, 2005）。

ハリウッド映画『ロード・オブ・ザ・リング』の鑑賞者によるロケ地・ニュージーランドへの旅行を取り上げた研究によると（Carl, Kindon & Smith, 2007；Buchmann, Moore & Fisher, 2010），旅行者は地理的現実と作品世界の二つを同時に経験することを求めており，その場所を実際に訪れることで，地理的現実としての場所のオーラ[7]と作品舞台としての場所のオーラを同時に感じ取っているという。こうした旅行者の経験の質と満足度を高めるためには，ロケセットが保存あるいは再現されるとともに，撮影時のエピソードなどを詳しく話せるガイドやキャストの存在が鍵となる。また，ロケ地をめぐるツアーに参加することで，旅行者は他のツアー参加者と経験を共有し，仲間意識をもつようになったことも報告されている。

しかし，すべての映画やロケ地でフィルムツーリズムが具体化するわけではない。フィルムツーリズムが具体化する映画の条件として，①内容面を中心に他の作品と差別化できる映画であること，②興行的に成功し，多くの人が鑑

7）ある人物や物体，場所が発したり，漂わせたりする，人を惹きつける独特な雰囲気のこと。

賞・認知していること，③時代の潮流や要請に合っていること，が挙げられる（Riley & Van Doren, 1992）。また，映画公開にともなうロケ地への集客促進効果については，その持続性に限界があるという指摘も多い。DVDやテレビ放送，再上映などで継続的に鑑賞する機会のある映画や熱狂的なファンが多い映画などはその効果持続が期待されるものの，多くの事例研究では，映画公開直後には多くの旅行者がロケ地を訪れたが，数年後には旅行者数が急減したことが報告されている（Riley, Baker & Van Doren, 1998）。

こうした中で，世界各国の政府や自治体，経済団体などは映画を国や地域の宣伝手段と捉えて，映画のロケを誘致・支援したり，映画公開後はロケ地への誘客活動を展開したりしている。その主たる役割を担うのがフィルムコミッションである。フィルムコミッションは，政府・自治体や地元企業，NPO・ボランティア，観光関連企業，さらに映画の制作者や著作権者の理解と協力を得て，活動を推進している。しかし，上述したように，映画公開をきっかけとした集客効果は持続性に欠けるのが一般的とされる。こうした課題を克服し，フィルムツーリズムとそれを活用した地域振興を持続的なものにするために，地域が代替可能なロケ地として，すなわち受け身の存在として位置づけられるだけでなく，地域資源の積極的活用や地域性を踏まえたストーリー開発などを通じて，代替不可能なかたちで映画内容に深く，より主体的に関与することの必要性も提起されている（原, 2013b）。

3　本書のねらいと構成

以上にみたように，近年，地域を振興するための一方策として，文化とりわけコンテンツへの関心が高まっている。都市においては，文化，コンテンツと産業を融合させた文化産業，コンテンツ産業を振興し，創造性と革新性を備えた創造都市として発展していくことが期待されるようになっている。一方，地方においても，当該地域を舞台としたコンテンツの制作・流通を契機としたツーリズムや特産品開発など，コンテンツを活用した地域振興の動きが広がっている。

こうした中で本書は，日本に独自のコンテンツ産業のダイナミズムとコンテンツを活かした地域振興という二つのテーマに関して，現状を整理した上で，今後の課題と可能性をさぐることを目的に上梓するものである。本書が検討対象とするコンテンツは，映画や演劇，音楽，漫画，アニメなど，いわゆる狭義のコンテンツであり，その中でも映画やテレビ番組，アニメといった映像系コンテンツを具体の分析対象として取り上げる。これらは，日本政府がコンテンツ産業としてその振興を積極的に推進している分野でもある。また，アニメのように，世界をリードするコンテンツ（産業）もあり，そのダイナミズムを明らかにすることで，これまでハリウッド映画産業を主対象に研究されてきた地理学分野のコンテンツ研究に新たな知見をもたらすことが可能となる。

また，それらのコンテンツを活用した地域振興等の動きについても，日本では，欧米諸国を中心に取り上げられてきたフィルムツーリズムのみならず，クール・ジャパン戦略の展開，地方における映像制作や関連ビジネスの展開，地域のキャラクターの創出と活用，コンテンツ消費者のまちづくりへの参画など，多様な取組みが実践され，それらを取り上げた地理学的研究も蓄積されつつある。こうした日本独自の動きを紹介するとともに，それに関する研究成果を整理することも，コンテンツ活用にみられる日本の独自性を明らかにし，国内外に発信することになると考えられる。

すなわち本書は，日本には世界に冠たる，しかしハリウッドなどとは異なる性格をもつ映像系コンテンツ産業が存在するとともに，それが日本人の生活や産業の隅々まで浸透していること，さらにそれを活用したユニークな地域振興の取組みが行われていることを紹介し，創造性と地域性をキーワードに，日本独自の強みを活かした映像系コンテンツ産業，およびその地域振興への活用のあり方を展望するものである。

第Ｉ部は「映像制作の都市集積と地方展開」をテーマとし，テレビとアニメ，映画を例に，日本の映像産業の基本構造を大都市集積と地方展開の観点から概説する。まず，テレビに関して，「第１章　テレビ番組制作業の産業集積（半澤）」では，日本のテレビ番組制作業を事例にして，産業集積が良質な作品制作に寄与するとは限らない状況を描く。その背景にあるのは，テレビ局における合法的な寡占化というべき状況である。これらを説明するために，テレビ番組制作会社への実態調査結果について論じる。これに続く「第２章　ローカルテレビ局と地域振興：伝える・つなげる・生み出す（増淵）」では，日本におけるローカルテレビ局の地域振興へのアプローチをみていく。具体的に，日本のローカルテレビ局をとりまく状況を説明した上で，二つの事例分析を通じて，地域と密着した新たな取組みの実態と今後の発展可能性を考察する。

次に，アニメに関して，「第3章　アニメ産業の集積メカニズムと国際分業（山本）」では，アニメ産業を対象として，都市集積構造と国際分業の実態を明らかにする。アニメ産業は都市立地型の産業であり，日本のアニメ産業は東京を中心に東アジアの大都市間で分業関係を形成している。本章では，企業間取引と労働市場の特性に着目して，その構造を浮き彫りにする。これに続く「第4章　地方におけるアニメ産業振興の可能性（山本）」では，分業関係が発達しているアニメ産業を対象として，地方の振興策による産業立地の可能性について概説する。事例として，沖縄県とそこに立地したアニメ制作スタジオの活動実態から，地方で活動することの可能性と限界について示す。

映画については，「第5章　映画産業におけるランナウェイ・プロダクション：インド映画の日本ロケ（和田）」において，世界最多の制作本数を誇るインド映画を例に，ランナウェイ・プロダクションの実態を明らかにする。具体的に，インド映画の日本ロケの実態を描出し，日本がグローバルな映画生産体制の一端を担っている（担いうる）ことを示す。

第Ⅱ部は「映像を活用した地域振興」をテーマとし，5つの章で，日本各地で取組みが活発化している映像系コンテンツを活用した地域振興の動きを紹介する。まず「第6章　コンテンツを活用した地域振興の動向（和田）」では，日本におけるコンテンツを活用した地域振興の動向を概説する。具体的に，漫画やアニメ，ゲーム，映画などのコンテンツを活用した地域振興活動の概要と地理的分布を把握した上で，それらが活発化した背景・要因および活用手法を検討する。

これに続く第7章から第10章では，映像系コンテンツを活用した地域振興の具体例を取り上げる。まず「第7章　NHK連続テレビ小説を契機とした観光と地域の変化（有馬）」では，フィルムツーリズムの概要と地域への影響を整理した上で，NHK連続テレビ小説の放送への地域的対応例として長野県安曇野市を取り上げ，その手法と効果を検討する。「第8章　地方における映画文化の育成と活用：映画祭・フィルムコミッション・映画館の連携（岩鼻）」では，韓国の映画祭と比較しつつ，山形国際ドキュメンタリー映画祭の成立と国際的評価を得るまでの過程を紹介する。さらに，映画祭とフィルムコミッション，映画館が連携した山形県内の観光・地域振興の現況と課題を述べる。また「第9章　アニメキャラクターを活用した地域プロモーション：島根県の事例（和田）」では，作品や番組に登場するキャラクターを活用する取組みとして，アニメキャラクターを活用して地域プロモーションに取り組む島根県の事例を紹介する。島根県はアニメキャラクターを「しまねSuper大使」に任命し，地元企業の参加，アニメ制作企業の協力を得ながら，県の知名度向上に取り組んでいる。これらに加えて，「第10章　オタク文化の集積とまちづくり：大阪・日本橋の事例（和田）」では，観光や地域プロモーションにとどまらない映像系コンテンツを活用した多様な地域振興の動きとして，アニメやゲームなどを趣味とするオタク[8)]によるまちづくりへの参画実態と可能性を示す。大阪・日本橋では，既存の権力サイドにあたる商店街振興組合のキーパーソンが，オタクの街・日本橋の磁力に惹きつけられて集まった若者を巻き込み，彼らの意欲とアイデア，行動を引き出し，後押しするかたちでまちづくりを展開している。

以上にみたように，本書では，テレビ，アニメ，映画といった映像系コンテンツの制作と活用の二つの段階における日本の諸地域とのかかわりを描き出すものである。つまり，メディア上を流通するコンテンツの制作とそれを活用した取組みが，地表上の空間的位置や社会・経済と無関係ではなく，つとめて地理的であることを示す。その上で，日本の映像産業の強みと課題，今後の発展可能性，さらにそれを活用した地域振興の可能性を論じていく。それでは，次章以下，21世紀初頭の日本におけるコンテンツと地域について，事例をあげながら具体的に検討していこう。

8）野村総合研究所オタク市場予測チーム（2005）は，オタクを，こだわりのある対象を相当の時間や金をかけて消費しつつ，深い造詣と想像力をもち，かつ情報発信活動や創作活動を行う者，と定義している。

【文　　献】

加藤政洋（2003）．都市論　人文地理 **55**, 270–286.

スロスビー, D.／中谷武雄・後藤和子［監訳］（2002）．文化経済学入門　日本経済新聞社

友澤和夫（1995）．工業地理学における「フレキシビリティ」研究の展開　地理科学 **50**, 289–307.

野村総合研究所オタク市場予測チーム（2005）．オタク市場の研究　東洋経済新報社

原　真志（2005）．グローバル競争時代における日本のデジタルコンテンツ産業集積の競争優位性とイノベーションの方向性―SD ガンダムフォースプロジェクトを事例に　経済地理学年報 **51**, 368–386.

原　真志（2013a）．創造都市と文化産業　人文地理学会［編］人文地理学事典　丸善出版　pp.384–385.

原　真志（2013b）．映画・コンテンツ産業と地域活性化―課題と可能性　地理科学 **68**, 211–221.

ホルクハイマー, M.・アドルノ, T. W.／徳永　恂［訳］（1990）．文化産業―大衆欺瞞としての啓蒙　啓蒙の弁証法　岩波書店, pp.183–261.

山本健太（2013）．文化産業　人文地理学会［編］人文地理学事典　丸善出版, pp.486–487.

和田　崇（2014）．インド映画産業にみられるランナウェイ・プロダクション―日本ロケ作品を事例に　地理科学 **69**(2), 51–68.

Aksoy, A., & Robins, K. (1992). Hollywood for the 21st century: Global competition for critical mass in image markets. *Cambridge Journal of Economics* **16**, 1–22.

Beeton, S. (2005). *Film-induced tourism.* Clevedon: Channel View.

Buchmann, A., Moore, K. & Fisher, D. (2010). Experiencing film tourism: Authenticity & fellowship. *Annals of Tourism Research* **37**, 229–248.

Carl, D., Kindon, S., & Smith, K. (2007). Tourists' experiences of film locations: New Zealand as "Middle-Earth". *Tourism Geographies* **9**, 49–63.

Christopherson, S. (2006). Behind the scenes: How transnational firms are constructing a new international division of labor in media work. *Geoforum* **37**, 739–751.

Coe, N. M. (2000). The view from out west: Embeddedness, inter-personal relations and the development of an indigeneous film industry in Vancouver. *Geoforum* **31**, 391–407.

Grabher, G. (2002). Cool projects, boring institutions: Temporary collaboration in social context. *Regional Studies* **36**, 205–214.

Power, D. (2002). "Cultural Industries" in Sweden: An Assessment of their place in the Swedish Economy. *Economic Geography* **78**, 103–127.

Pratt, A. C. (1997). The cultural industries production system: A case study of employment change in Britain, 1984–91. *Environment and Planning A* **29**(11), 1953–1974.

Pratt, A. C. (2005). Cultural industries and public policy. *International Journal of*

Cultural Policy **11**, 31–44.

Riley, R., Baker, D., & Van Doren, C. S. (1998). Movie induced tourism. *Annals of Tourism Research* **25**(4), 919–935.

Riley, R., & Van Doren, C. S. (1992). Movies as tourism promotion: A 'pull' factor in 'push' location. *Tourism Management* **13**(3), 267–274.

Scott, A. J. (1988). *New Industrial Spaces.* London: Pion Limited.

Scott, A. J. (2001). Capitalism, cities, and the production of symbolic forms. *Transactions of Institute of British Geographers new ser* **26**, 11–23.

Scott, A. J. (2002). A new map of Hollywood: The production and distribution of American motion pictures. *Regional Studies* **36**, 957–975.

Scott, A. J. (2004). Hollywood and the world: The geography of motion-picture distribution and marketing. *Review of International Political Economy* **11**, 33–61.

Scott, A. J. (2005). *On Hollywood: The place, the industry.* Paiuceton, NJ: Princeton University Press.

Scott, A. J. (2006). Creative cities: Conceptual issues and policy questions. *Journal of Urban Affairs* **28**(1), 1–17.

Scott, A. J. (2010). Cultural economy and the creative field of the city. *Geofiska Annaler: Series B. Human Geography* **92**(2), 115–130.

Scott, A. J., & Pope, N. E. (2007). Hollywood, Vancouver, and the world: Employment relocation and the emergence of satellite production centers in the motion-picture industry. *Environment and Planning A* **39**, 1364–1381.

Storper, M. (1989). The transition to flexible specialization in the US film industry: External economies, the division of labor, and the crossing of industrial divides. *Cambridge Journal of Economics* **13**, 273–305.

Vogel, H. L. (2014). *Entertainment industry economics: A guide for financial analysis.* 9th ed. New York: Cambridge University Press.

第Ⅰ部
映像制作の都市集積と
地方展開

第1章
テレビ番組制作業の産業集積

コンテンツ企業は集積利益を求めて，大都市部に集中立地する傾向がある。しかし，コンテンツ産業に限らずどの産業であれ，たとえば事業所が集中しすぎることによる地価の高騰といった集積の不利益もまた存在しうる。本章で取り上げるテレビ番組制作業も，まさに顕著な集積の不利益が存在している産業である。日本のテレビ番組の面白さや豊かさが損われる質的低下は，長年にわたって活動してきた複数のテレビ放送産業関係者や視聴者の間で広く共通する認識となっている。このような結果を招いた要因の一つにも，集積の不利益の存在が指摘できる。本章では，日本のテレビ番組制作業を事例にして，その産業集積がどのような集積利益あるいは不利益につながっているかを検討することで，コンテンツ産業が特定の大都市に集中しすぎることの弊害について学びたい。

テレビ局本社と東京タワー（東京電波塔）

1　テレビ放送業および番組制作業の構造と不安定化

1）テレビ放送業

現在，世界のテレビ番組は，地上波だけではなく衛星放送，ケーブルテレビ，インターネット配信など，さまざまな経路によって視聴者の手元に届けられるようになっており，数十から数百のチャンネルを自宅で視聴可能な環境も一般化している。日本でもそのような環境が整備されつつあるが，少なくとも2014年時点では，テレビ放送業の中核を担っているのは東京都に立地する少数の地上波放送局（以下，キー局）であり，本質的には日本でテレビ放送が開始された1953年よりその状況が継続してきた。

日本のテレビ放送業の市場規模は2013年度の段階で約3.5兆円に達し，同年のコンテンツ市場規模（約11.9兆円）の約3割，動画コンテンツ市場規模（約4.5兆円）の8割弱を占める。また，衛星放送やケーブルテレビの普及によって，10年前と比較するとテレビ放送業全体に対する民放地上波放送のシェアは62.5%（2003年）から54.7%（2013年）へと落ちたが，未だにテレビ放送市場規模の過半を民放地上波放送が占めている（一般財団法人デジタルコンテンツ協会編, 2014)。この民放地上波テレビ局の収入源は，CM放送による広告収入が主であるため，テレビ広告収入の増減はテレビ放送業の景気を大きく左右する。

バブル経済崩壊前後を除けば，2000年代なかばまで広告費全体にテレビ放送業が占める割合やテレビ広告費自体は堅調な伸びを示していたが，2007年のリーマンショックによってテレビ広告費は1割以上減少し，回復も進んでいない（図1–1)。たしかにそれが全体に占める割合は多少回復しつつあるようにみえるものの，旧来型のメディアである新聞・雑誌・ラジオ・プロモーションメディアに投下される広告費が，テレビ以上に大きく減少した結果の相対的な現象にすぎない。テレビ広告費もインターネット広告費の著しい伸びと比較すれば，前途に暗雲が立ちこめているといえる。言い換えると，日本全体の景気動向はもちろん広告費に大きな影響を与えるが，バブル経済崩壊以後の景気低迷がテレビ広告費に大きな影響を与えなかったのに対し，リーマンショック以後のテレビ広告費が低迷していることからすると，インターネットという新メディア興隆がテレビ放送業にとって無視しえない現象になっているのが現状である。

さらに，インターネットを経由した映像配信が一般化する以前の1990年代後半頃からすでに，特にローカル局の先ゆきが危ぶまれ，テレビ放送業の産業

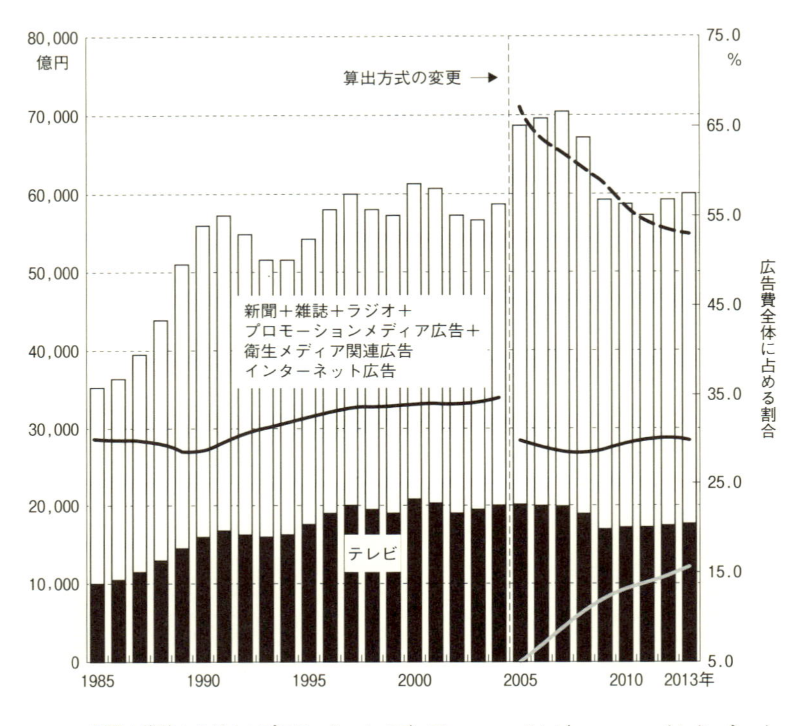

図 1-1　日本の広告費の推移（1985-2013 年）

（電通『日本の広告費』各年版により作成）

注：プロモーションメディアとは，屋外・交通・折込・DM・フリーペーパー・フリーマガジン・POP・電話帳・展示・映像（広告用映画やビデオ）といったマスメディア以外の総称である。また，2005 年度から広告費の算出方式が変更されているため，2004 年度以前の数値とは連続性がない。なお，1995 年以前の数値は電通広告統計部『日本の広告費』各年版に，1996 年以降の数値は電通『日本の広告費』各年版に依拠している。

（電通広告統計部『日本の広告費』各年版および電通『日本の広告費』各年版により作成）

構造は変革を迫られていると認識されるようになっていた（伊藤，2003；2005）。その原因は，地上波デジタル化とキー局にとってのローカル局の存在意義減少である。

地上波テレビ放送で利用される電波は長年アナログ方式であったが，2003 年度からより大量のデータを送信できるデジタル放送が始まり，東日本大震災の影響を受けた東北地域を除いて 2011 年度にアナログ放送は停止され切り替えが完了した。このための設備投資負担が，経営体力のない小規模なローカル局にとっては，ことのほか大きな負担になっている（市村, 2004；石光, 2011）。

また，2000年末から始まったBS（Broadcasting Satellite）デジタル放送によって，技術的にはキー局の番組がローカル局を経由せずにみずからの関連会社であるBSデジタル放送局を経由して全国へ放送可能となった。しかも，その経営状態の先ゆきはかんばしくなく，ローカル局との広告費の食い合いすら懸念されている（石光, 2011）。それゆえ，ローカル局の存在意義は危機にさらされている。

いわば，1990年代から積み重なってきたテレビ放送業の構造転換要因が，2000年代後半の景気悪化によって一気に表面化したのが現状である。それゆえ，ローカル局に限らずキー局も，放送網という寡占的なコンテンツ流通インフラに過剰に依拠した経営の転換を迫られている。その一つの方向性が，番組制作力の強化である。

しかし，番組制作力の決め手となる存在は放送局の内部資源ではなく，外部資源たる制作会社である。したがって番組の出来不出来は，制作会社自身の力はもちろん，それを活用するテレビ局との関係性によって決まるといえよう。次項以降で，テレビ局と制作会社の関係を詳解し，番組制作の主体である制作会社のおかれた状況を理解していこう。

2）テレビ番組制作費の分配構造

テレビ放送開始当初のテレビ放送局は，すべての番組を自前で制作していたが，コスト削減や内容の多様化などの要因から外注化が進み，テレビ局は番組制作会社抜きの番組制作がほぼ不可能な状態にまでいたった（指南役, 2011）。外部からの人材派遣などをどこまで外注とするか否かの定義が一様でないため，継続的な統計資料は存在しない。ただ参考値として，キー局の1991年10月から11月の外注比率は，日本テレビが88.2%，TBSが71.6%，フジテレビが75.2%，テレビ朝日が90.6%，テレビ東京が82.4%，平均が81.6%であるという（隈元, 1992）。この数字は，日本のテレビ番組制作の主力が制作会社であることを如実に示している。

ところが，近年の広告費減少や地上波デジタル化投資負担などによる放送局の経営環境悪化によって，放送局から制作会社に支払われる番組制作費が近年削減傾向にある（石光, 2011：83)。それによって，もともと良好とはいえない制作現場の環境が悪化し，本章冒頭で触れた番組内容の質的劣化が顕在化し，深刻な問題となっている。

テレビ番組制作にかかる費用は，番組内容・放送時間帯・発注元がキー局かローカル局かによって大きく異なるし，近年の制作費用削減によって基準値も大きく変化していると思われるが，純丘（2004：106）によると，60分番組の場合，ニュースは500万，ワイドショーは1,000万，バラエティーは2,000万，ドラマは3,000万程度である[1)]。

しかし，そもそもの資金提供元である広告主からテレビ局に渡されている制作費は，本来もっと多い。浦谷（1994）によると，広告主が提供した制作費は，そのまま制作会社に支払われず，中間の企業が手数料なり管理費なりの名目で一定程度差し引いていくのが一般的な商習慣となっているため，広告主が支払

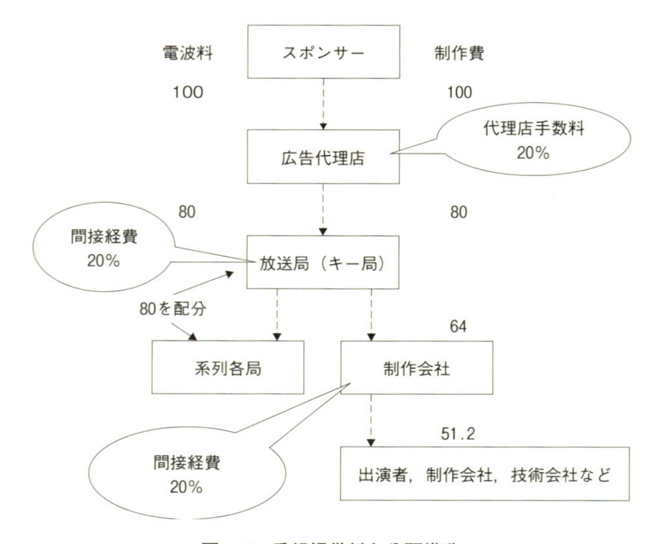

図 1-2　番組提供料と分配構造
（浦谷（1994：10）の図と西（1998：47）の図を筆者改変）

1）明示されていないが，この価格は，キー局が発注元となってプライムタイム（午後7時-11時）向け全国放送が前提となっていると思われる。

う制作費を100とすれば，実際の制作費にまわるのは51.2にすぎない（図1-2）。しかも，この番組が全国放送の場合，広告主は制作費とほぼ同額の電波料100を支払わねばならず，合計200の番組提供料を支払っていることになる。

このように，およその番組提供料の分配構造は公然の秘密として産業内では知られていたが，基本的には非公開情報であるため，それぞれの関係各社の立場や番組内容に関する相違もあって，資料や証言者によって必ずしも説明が一致しない場合がある。しかし，他の資料（「新映像産業白書，1995」編，1995；「発掘！　あるある大事典」調査委員会，2007）や聞き取り調査結果も踏まえると，この構造に関して以下の３点は確実に共通する特徴である。すなわち，①資金の流れが透明ではない，②広告主が支払う番組提供料のうち相当額が中間で抜かれ，実制作費に回る割合は多くない，③制作会社に支払われる制作費の増減に制作会社は関与できない。①と②についてはここで確認したとおりである。その帰結として③の事態にいたり，広告主から提供される制作費に変動がなくとも，制作会社に支払われる制作費は放送局の都合によって恣意的に増減する状況がめずらしくない。それゆえ，放送局の経営環境の悪化が制作費削減というかたちで直接的に制作会社に転嫁されてしまう[2)]。

つまり制作費は，番組の内容ではなく，多分に放送局側の都合によって決定されている。もちろん，最終的には放送局と制作会社の力関係に依存するため，制作費削減に抵抗して現状をなんとか死守しているという制作会社もあるが，それは例外的である。

3）テレビ放送局とテレビ番組制作会社の収益特性

制作会社に渡される制作費が決定されていく過程に現れているように，テレビ局に対する制作会社の立場は非常に弱い。それゆえ，番組の制作主体が制作会社であっても，ほとんど著作権を保有できない。さらに，それがドラマであれば監督や脚本家に著作権料を渡す必要があるため，制作会社が著作権によっ

2）ここで述べた番組提供料分配構造がもつ特徴が招いた最悪の事態の一つとして，『発掘！　あるある大事典Ⅱ』における番組内容捏造事件がある。詳しくは，「発掘！　あるある大事典」調査委員会（2007）を参照のこと。

て得られる収入は貴重だがあまり多くない。そもそも歴史的にテレビ番組は，1回放送した後は再利用を行わない考え方が原則であり，現場でも再利用を前提とした制作体制に不慣れでもある（脇浜，2001：258–266；伊藤，2005：47）。要するに，これまで制作会社は著作権収入をあまり期待せず[3)]，テレビ局から支払われる制作費に依存する経営を長年続けてきたのである。

確認したように，テレビ局は広告主から支払われる番組提供料から電波料などの名目で必要な売上げを確保した後，いわばその残額を制作費に充てている。言い換えると，まず必要な経費（制作費）をかけて商品を生産（番組を制作）し，販売（放送）することによって，初めて売上げが得られるような企業とは収益構造が全く異なる。それゆえ，テレビ局の経営が依拠するものは本質的に番組制作力ではなく，放送免許によって守られた寡占的かつ圧倒的な視聴者への到達力を有した流通網であり，番組内容の質はテレビ局の経営に直結しない副次的な要素にとどまる。そのような流通力を担保する放送免許こそが，良くも悪くもテレビ局の力の源泉なのである（伊藤，2003，2005；石光，2011）。

もちろんテレビ番組制作には創造性が重要であるし，企画が悪ければ採用されず，広告収入の高低に直結する経営上不可欠の数値である番組視聴率が悪ければ取引が打ち切られることもある。しかし，制作現場の人間からも，視聴率は経済指標にはなっても，番組内容の評価指標として当てにならないと思われており，視聴率を重視しても創造的な番組制作にはつながらない（金田，2006）。したがって，質の高い番組制作を行う動機づけが，テレビ局には薄いといわざるをえない。

2　産業集積の形成

1）制作会社の立地

ここまでの議論で明確になったように，テレビ局は制作力の外注化を進めた

3）2003年にいわゆる下請法の対象にテレビ番組制作業も含まれるようになり，2009年には総務省が「放送コンテンツの製作取引適正化に関するガイドライン」を制定するなど，著作権の扱いを含む取引の適正化を目指す政策が打ち出されてきているため，今後改善が進む可能性はある。

結果，自社単独ではほとんど番組制作を行えないにもかかわらず，番組流通経路である放送網を寡占しているため，制作会社に対して強い立場にある。特に，番組放送網の中核は東京都に立地するキー局であるため，これからみていくように，制作会社はキー局との関係を密接に保つ必要性に迫られ，東京都なかんずくキー局の近傍に多数立地する。

公的統計の二次利用制度を利用して入手した平成21年度経済センサスの一部個票データから産業細分類「テレビジョン番組制作業（アニメーション制作業を除く）」の立地状況を確認すると，日本全体にテレビ番組制作業の事業所は1,343カ所あり，東京都内には682カ所（全体の50.8%）が立地する。都内の立地を詳細にみると，5社あるキー局の本社がすべて立地する港区に291カ所（東京都の45.9%），NHKの本部が立地する渋谷区に98カ所（同14.4%），1997年までフジテレビの本社があった新宿区に52カ所（同7.6%），2002年まで日本最大の広告代理店である電通の本社が立地していた中央区に41カ所（同6.0%），2003年まで日本テレビの本社があった千代田区に33カ所（同4.8%）となっており，この5区だけで東京都の事業所数の78.7%を占める（図1–3）。

こうした日本のテレビ番組制作業の集積を理解する際に注意しなければならないのは，作品の特性によって取引先や労働者を柔軟に切り替えてより良い作品を作り上げることを可能にするために産業集積が発生するといった，コンテンツ産業に典型的な柔軟な専門化的構造（Piore & Sable, 1984）が存在しないことである。むしろ，非常に固定的といえる取引関係がこの産業集積を形成している。

それでは，柔軟な専門化的構造よりも固定的な取引関係を維持した方が，たとえばお互いの信頼関係や相互理解を高めてより良い作品づくりが可能になると制作会社やテレビ局が判断しているかといえば，そうではない。むしろ，番組の品質の高低が事実上軽視され，番組制作において創造性を求められる余地が極めて限定的であるのが，日本のテレビ番組制作業の現状である。それゆえ，フロリダに代表されるような，創造的な活動に従事する人材が好む地域であるがゆえに労働者と企業が集まってくるとの説明（Florida, 2002）も，本産業には当てはまらない。

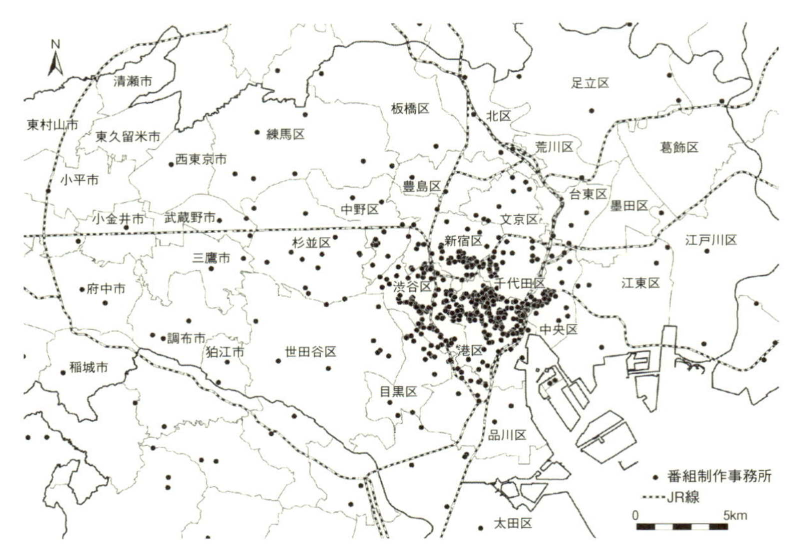

図 1–3　東京都の番組制作事業所の立地
（平成 21 年経済センサス個票データにより作成）

つまり，産業集積の発生要因は非常に単純であり，それぞれの制作会社がテレビ局との取引関係を円滑にするために，テレビ局の近傍に立地した結果なのである。たしかに制作会社どうしは著しく近接している上に，固定的な取引関係は制作会社どうしにも顕著であるが，立地選定に際して制作会社どうしの近接性は意識されていない。

2）制作会社の取引関係

まず，制作会社の取引先が固定的である現状を確認しよう（表 1–1）。受注先をみると，すべての取引先が長期的だとする企業がもっとも多い。外注先に関しては，社内で仕事を完結させたり，テレビ局への人材派遣が中心であったりして，そもそも外注しないことが多い。とはいえ，外注する場合は，やはり長期的取引先との取引が中心になっている。さらに両者ともに，長期的取引先とは，1 年のうち 1 カ月だけというような間欠的関係ではなく，常時仕事を受発注する傾向が強い。また，受注先・外注先双方ともに取引社数の中央値は 4 社以下であり，全体的に取引社数が多くはないといえる。つまり，比較的少数の

表 1-1　立地地域別調査対象企業の長期取引率

長期取引率（%）	受注先				外注先			
	東京都		その他道府県		東京都		その他道府県	
	件数	(%)	件数	(%)	件数	(%)	件数	(%)
取引なし	0	0.0	1	1.8	9	40.9	22	40.7
0	1	4.3	2	3.6	3	13.6	8	14.8
0–25	1	4.3	2	3.6	1	4.5	0	0.0
25–50	4	17.4	7	12.7	1	4.5	4	7.4
50–75	7	30.4	12	21.8	2	9.1	3	5.6
75–100	2	8.7	5	9.1	1	4.5	6	11.1
100	8	34.8	26	47.3	5	22.7	11	20.4
合計	23	100.0	55	100.0	22	100.0	54	100.0
取引社数中央値	4.0	—	3.0	—	2.5	—	2.0	—

（アンケート調査により作成）

注：テレビ番組制作事業に関して，最近1カ月に取引があった企業のうち「安定的もしくは長期的に取引がある企業数」と「短期的もしくは単発的に取引がある企業数」を尋ねた。取引社数については，最近1カ月に取引があった企業数の総数であり，長期的・短期的取引先双方を含んでいる。

固定的な長期的取引先と常時仕事をする状態が，取引関係の主流をなしている。

さらに，受注先の内訳をみると，自社立地都道府県内（以下，自県内）の特定のテレビ局への依存度の高さが浮き彫りになる。まず受注額第1位企業が売上高に占める割合が50%を超える企業は73社中55社に上る。確認できる限り受注額第1位の企業は，70社中68社が自県内の企業であり，その68社中61社が地上波テレビ局である。各制作会社にとっては，長期間かつ常時取引のある自県内のテレビ局との関係維持こそが決定的に重要といえよう。

取引が長期的かつ常時的になり，しかも自県内テレビ局1社との取引が重要になる理由は，「人間関係」がきわめて重視されるためである。ある独立系制作会社の経営者の言葉を借りれば，「取引が発生する要因は人間関係が6割」と述べ，彼が以前勤めていたテレビ局との取引であれば，何時間でも番組枠がもらえるが，他局との取引では無理だという。このような状況が生まれる理由を，別の独立系制作会社の総務部長は次のように説明している。すなわち，そもそも企画が当たるか否かもわからないため，どの企画を使っても変わらないとなり，テレビ局のプロデューサーとしては自分の使いやすい人を使うようになる。こうした状況にある取引の実態を，「利権」という表現で説明する調査対象者も複数存在した。番組企画自体はもちろん重要であるが，そもそも人間関係がないとテレビ局の審査の俎上に上るのすら難しいため，制作会社にとっては，人間関係の形成や維持こそがもっとも大切となる。はなはだしきは，きちんとした人間関係をテレビ局のプロデューサーと築いていないがために，持ち込んだ番組企画を他の制作会社に横流しされてしまう例さえある（笠原，1996：101–108）。それゆえに，たとえ普段から取引のあるテレビ局であっても，制作会社の営業管理職はテレビ局への営業に出向き，頻繁に顔を見せておく必要がある。

この結果として，制作会社はテレビ局から離れると営業上不便となる。また，労働時間帯が不規則な産業であり，打ち合わせの際に公共交通機関が終了してからテレビ局や編集所へ出向くことが多いため，徒歩圏内にいないと交通費がかさむ問題が東京都では特に顕著である。そして編集所自体も，テレビ局の近傍に立地する傾向がある。こうして制作会社はテレビ局の近傍に立地し，産業集積を形成する。

3　労働市場の実態

1）地域労働市場と産業集積

取引先選定に際して，質の高い番組制作に寄与するといった創造性につながる要素が軽視されているように，労働者の採用においても創造性の面に重きをおいた選考が行われているとはいいがたい。コンテンツ産業の現場労働者には専門技術が要求されるため，一般的に新卒者であっても一定の技能が求められるにもかかわらず，テレビ番組制作業の新卒採用では，やる気やコミュニケーション能力のように，人格重視の選考を行う企業が多い。その理由は，①センスや才能が問題になってくるので，それは実際に仕事をしてみないとわからない部分がある，②人間を相手にする仕事であるため，採用の段階で特殊技能を求めない，③低賃金かつ不規則長時間労働が一般的であるため，よほどやる気がないと辞めてしまう，からである。そのため，中途採用であっても，やる気さえあればまったくの別業種からの未経験者を採用し，教育するのをいとわない企業も複数存在する。

もちろん技術力や実績を重視し，育成の余裕がないため，新卒や技術のない中途は採用しないという企業もあるが，採用自体を行わない企業でなければ，新卒者を中心に長期雇用が前提で各企業の主力となる常用雇用する企業は多い。実際，87社中51社の企業が雇用者のすべてを常用雇用し，調査前年度の新規採用者のうち新卒者が過半数を占める企業は47社中29社となっている。つまり，厳しい労働環境が影響して離職率自体は多いといわれるが（葉山，2010），番組内容の適性に合わせて頻繁に労働者を入れ替える企業はめずらしく，そのような人材の登用はフリーランサーへの外注というかたちでみられる。しかし，前述したように，番組内容に応じた外注の活用は限定的であるため，労働力の柔軟な入れ替えが容易になる地域労働市場の確立という，しばしば指摘されるコンテンツ産業の集積利益は，テレビ番組制作業においてほとんど存在しない。

ただ，労働市場の側面から指摘できる集積利益も皆無ではない。それは，やはり人間関係の構築である。まず，基本的にキー局からの発注を受ける東京都の制作会社で働くことによって，労働者はキー局関係者との人的つながりを獲得し，その結果，制作費も大きく多彩な内容の番組の制作が行えて能力を磨ける側面はたしかにある。ただそれ以上に，東京都の制作会社で働くことによって，いわば会社や職種を超えた「仲間」を形成できる。つまり，制作会社に所属する労働者だけではなく，脚本家やタレントといった人々である。この仲間は一朝一夕に形成されるものではなく，ともに下積みであったような若手時代から，番組撮影後に飲みに行くなどの非公式な付き合いも続けながら一緒に成長するかたちで形成される。この仲間が一流になったあかつきには，その人たちと仕事ができる一流の制作者という評価になる。このような質の高い人材が育成され，数多く存在している環境があるという意味では，集積利益はたしかに存在する。

しかし，テレビ局や制作会社が，質の高い人材を重視して有効活用しているかといえば，かなり限定的といわざるをえない。したがって，地域労働市場の側面からみた集積利益は，テレビ番組制作業の集積要因としては弱い説明力しかもちえず，あくまでも前述したテレビ局との近接性が決定的な集積要因なのである。

2）労働者の処遇

テレビ番組制作業にも，もちろん質が求められる人材はおり，その代表格としては一般的にフリーランサーが挙げられる。なぜなら，テレビ番組制作業の人材の大多数は会社内におり，フリーランサーとして活動するためには，相当に優秀でなければならないとされるためである。

ただしこれは，数多くの優秀な人材がフリーランサーとして活動していることではなく，番組内容に合わせて必要とされるような優秀な人材が求められる余地が少ないことを意味している。ある東京都の独立系制作会社の制作部長は以下のように述べている。「40 歳代より年上になると使われない。テレビ局のプロデューサーが 30 歳代であるし，年上は使いにくいので使わない。この業界は管理業務がほとんどないし，大ベテランがいらない。つまり芸術家がいらない。巨匠はごく少数でかまわない。他の会社の営業職みたいに，まともに数字で評価できない。視聴率といっても，評価がそんなにはっきり出ない。そのため，20 歳代～30 歳代なかばしか人材としていらない。それに気がついたから，私は現場から管理に転じた[4)]」。

創造的作業を求められる人材はごく限られる一方で，キー局から全国放送されるようなテレビ番組制作には数十人規模の労働者が必要となる。ゆえに，地方のあるテレビ局子会社の放送事業部長は，業界の課題として，作業時間をもとにして必要経費を算出する人工(にんく)的考え方が強く，労働者の能力を経費設定に反映させるのが難しいと指摘していた。

このような状況に加えて，制作費が削減されるとともに完パケ品の制作の減少傾向がみられるようになってきたため，テレビ局への派遣業務が増加しており，作業時間で制作会社の労働者の賃金が決まる傾向が，2000 年代前半から強まりつつあった。完パケ品の制作に伴う企画・管理業務が行えないと，制作会社の自立性は損われ，人材教育も進まず，制作力が内部に蓄積されない。制作会社にとっては好ましくない事態である。

しかも，番組制作会社の賃金水準は，テレビ局のそれに対して著しく低い。

4）発言内容は録音しておらず，ノートから再現しているため，細部が異なる可能性はある。

2005年4月発行の『日経エンタテインメント！』117号（pp.26-29）によれば，キー局とNHKの平均年収は1,361万円，ローカル局で835万円になる。次に，アンケート調査から各人の平均年収を算出すると，東京都では標本数35で594万円（キー局とNHKの平均年収の43.4%），それ以外の道府県では標本数95で489万円（ローカル局の平均年収の58.6%）である[5)]。1社あたりの標本数が少ないため，必ずしも数字が正確ではなく高めに出ている可能性は念頭におかねばならないが[6)]，それでもテレビ局社員との収入格差は大きなものとなる。非常に厳しい不規則な長時間労働が常態化している制作現場にあって（葉山, 2010），まったく同じ仕事をしているのにもかかわらず，これだけの給与格差があることへの不満は根強い。

収入格差が顕著になる理由の一般的説明は，テレビ局の寡占的地位から生じる，高収益構造や制作会社への立場の強さに求められる。これを助長するのが，先述したような，必ずしも創造性が必要とされない状況も相まって，労働評価の基準設定が難しいという番組制作業の特徴である。言い換えると，労働者の能力に応じて制作費が支払われる傾向がきわめて弱いため，テレビ局の立場の強さがそのまま制作費の設定に反映されてしまい，制作会社社員の収入水準が低く抑えられてしまうのである。

4　制作力の減退を招く集積の不利益

ここまでみてきたように，日本のテレビ番組制作業では，取引関係の維持や形成が人間関係に依存し，労働者が単純労働力としてしか評価されない状況にある。そのうえ，本章冒頭で述べたように，テレビ番組の質的低下は顕著なものとなってきている。その根本的理由は，放送免許事業という寡占構造によって制作会社に対する圧倒的優位性を保証されたテレビ局に，創造的な番組制作を望む動機づけが弱いことにある。制作会社は，それに対応した行動を取らざ

5）自由度（1, 128），F値=4.70，p値=0.03となり5%水準で有意である。
6）2009年度の『放送番組制作業実態調査』によれば，放送番組制作業務における1人当たり人件費は434万円と算出されている。また，佐々木（2009：152）は，制作会社の給料は良くて年収500万円前後，ひどいところでは300万円を切るとしている。

るをえない。この状況下で，不景気や地上波・BSデジタル放送の開始によるテレビ局の経営環境悪化が，集積の不利益を顕在化させた。

たしかに，番組流通機能を寡占的に担うキー局に対する制作・営業の利便性から，各制作会社は，都心部に立地するテレビ局近傍への立地を志向しており，集積利益も確認できる。しかし，取引関係は比較的固定的であり，特定のテレビ局への売上高依存度が高く，柔軟な専門化は成立していない。また，番組の向き不向きに合わせて人材を柔軟に入れ替えるようなこともほぼないため，熟練地域労働市場の存在が制作会社の立地行動に影響を与えていない。その背景には，①テレビ局の力が圧倒的に強い，②そのテレビ局が創造的な番組制作を強く求めていない，③その結果取引先や労働者を頻繁に変える必要性も薄い，ことがある。つまり，もともと創造性に寄与するかたちでの集積利益はほとんど存在しないのである。

問題は，産業集積がこのような状況下にある時に，テレビ局の経営が悪化したり，将来見通しに不透明さが増したりすると，産業集積が番組制作力の低下というかたちで創造性の毀損を一層助長してしまうことにある。

番組制作業では，対面接触の容易性に支えられている濃密な人間関係が，番組企画の硬直化や横流しなども生み，創造性にとって負の効果を生みがちである。濃密な人間関係が重要であるがゆえに，制作会社は収益源を特定のテレビ局に依存せざるをえない状況下で，いろいろな物事が明確な根拠なく人間関係によって決定されてしまう。こうなると，放送免許によって守られた寡占構造によって，力関係はテレビ局が制作会社に対して優位であるため，テレビ局側に有利な恣意的決定が下されやすい。その結果，制作会社はテレビ局からの要求を大抵は受け入れざるを得ない。

したがって，経営環境が悪化したテレビ局は，創造性への配慮がきわめて不十分なかたちで経済的利益を追求するため，制作会社側にほとんど抵抗の余地なく制作費を引き下げたり，制作会社をよりいっそう派遣労働者の供給元として扱い，制作会社の自主性を阻害する傾向がみられたりする。そのうえ，テレビ局からの発注を獲得するために制作会社間でもダンピング競争が発生し，制作会社そして労働者が過当競争の末消耗するようになっていく。

このように，産業集積によって可能になる濃密な人間関係が，番組制作力を減退させる一因となっているため，集積の不利益と化しているのである。

【文　献】

石光　勝（2011）．テレビ局削減論　新潮社
市村　元（2004）．ローカル放送局の現状と課題　松岡新兒・向後英紀［編著］新現場からみた放送学　学文社, pp.141–161.
一般財団法人デジタルコンテンツ協会［編］　経済産業省　商務情報政策局［監修］（2014）．デジタルコンテンツ白書 2014　一般財団法人デジタルコンテンツ協会
伊藤裕顕（2003）．放送ってなんだ？テレビって何だ？―現在・過去・未来　ローカルからの視点　新風舎
伊藤裕顕（2005）．放送ってなんだ？テレビって何だ？―デジタル時代にけたぐりっ！　新風舎
浦谷年良（1994）．体験的映像メディア産業論　放送学研究 **44**，93–117.
笠原唯央（1996）．テレビ局の人びと―視聴率至上主義の内情とプロダクションの悲喜劇　日本実業出版社
金田信一郎（2006）．テレビはなぜ，つまらなくなったのか―スターで綴るメディア興亡史　日経 BP 社
隈元信一（1992）．連鎖倒産の不安に怯える．AERA **5**(11), 13.
佐々木俊尚（2009）．2011 年新聞・テレビ消滅　文藝春秋
指南役（2011）．テレビは余命 7 年　大和書房
「新映像産業白書　1995」編集委員会［編］（1995）．新映像産業白書 1995　財団法人ハイビジョン普及支援センター
純丘曜彰（2004）．きらめく映像ビジネス！　集英社
電通（各年版）．日本の広告費　〈http://www.dentsu.co.jp/knowledge/ad_cost/（最終閲覧日：2015 年 8 月 30 日）〉
電通広告統計部（各年版）．日本の広告費　電通広告統計部
西　正（1998）．図解　放送業界ハンドブック　東洋経済新報社
「発掘！　あるある大事典」調査委員会（2007）．調査報告書〈http://www.ktv.jp/info/grow/pdf/070323/chousahoukokusyo.pdf（最終閲覧日：2014 年 12 月 25 日）〉
葉山宏孝（2010）．AD 残酷物語―テレビ業界で見た悪夢　彩図社
脇浜紀子（2001）．テレビ局がつぶれる日　東洋経済新報社
Florida, R.（2002）. *The rise of the Creative Class: And how it's transforming work, leisure, community and everyday life.* New York: Basic Books.（フロリダ，R.／井口典夫［訳］（2008）．クリエイティブ資本論―新たな経済階級の台頭　ダイヤモンド社）
Piore, M. J., & Sable, C. F.（1984）. *The second industrial divide: Possibilities for prosperity.* New York: Basic Books.（ピオリ, M. J.・セーブル, C. F.／山之内靖・永易浩一・石田あつみ［訳］（1993）．第二の産業分水嶺　筑摩書房）

第2章
ローカルテレビ局と地域振興
伝える・つなげる・生み出す

日本のローカルテレビ局は，東京に本社をおくキー局を頂点とする系列に組み込まれており（系列化），また資本関係等において地方新聞社とのかかわりが深い（クロスオーナーシップ）という構造的特徴を有する。そうした中で，「地域」とのかかわりを強化することに活路を見出し，「系列化」を象徴する全国番組の受信とは別に番組の自社制作を推進し，それらを活用して地域経済の活性化に寄与したり，「クロスオーナーシップ」を強みとして地域の多様な主体が情報を交換・共有し，新たなアイデアや行動を生み出すプラットフォームとしての役割を果たしたりするローカルテレビ局も出現している。本章では，前者の例として北海道テレビ放送を，後者の例として静岡県と山梨県のメディア企業グループを取り上げる。その上で，日本のローカルテレビ局は，本来の「伝える」役割に加えて，「つなげる」役割と「生み出す」役割の重要度が増していることを述べる。

北海道テレビ放送局舎（写真提供：北海道テレビ放送）

1 日本のローカルテレビ局をとりまく状況

1）地理学におけるメディア研究

日本の地理学においてメディア研究の重要性を最初に指摘したのは山田である。彼は，情報そのものの空間性を論じる「情報の地理学」を客観的な「情報流の研究」と主観的な「環境認知の研究」に大別した。このうち「情報流の研究」の一つに「メディア研究」を位置づけ，その重要性を指摘した（山田，1986）。また彼は，従来の文化地理学では，「コミュニケーション・メディアが時空間の距離を超えて情報を伝達することをとらえて，一般的にメディアを，文化の平準化・均質化を促して地域の個性を破壊ないし後退させるもの，あるいは地理的条件とは無関係なもの」と理解されてきたが，「メディアに関する人間の諸活動も，やはり地表面上で展開する人文・社会活動」であり，「現実のメディアの実態は空間的制約や地域の個性によって大きく規定されており，「地理的条件とは無関係」ではない」と指摘している（山田，1987）。

さらに山田は，地理学におけるメディア研究のアプローチとして，①空間的に限定されるメディアの活動の範囲が全体空間の中でどのように分布するか（分布の問題），②メディアがみずからの活動範囲の中にどのような空間組織（機能）を構築しているか（組織の問題），③メディアに関する地域差を記述し，そこから空間性や地域性を抽出すること（地域の問題），の三つを挙げている（山田，1987）。これに対して寄藤（2003）は，地域の社会的事象の一つとしてメディアを取り上げる「地域からメディアを見る」アプローチに対して，メディアから受け取る情報を通じた人びとの地域イメージ形成について取り上げる「メディアから地域を見る」アプローチの必要性を指摘した。

これらに対して，本章が取り上げるのは「メディア・ローカリズム」（林，2004）というアプローチである。メディア・ローカリズムとは，特定地域を事業区域とするメディアが当該地域の安定や発展に資する事業を積極的に展開しようとするものである。そこでは，中央の権力やメディアの影響を受けた放送等は極力排除される一方，地域の固有性・独自性を重視した放送等を通じて地域文化の保護や創造に寄与することが期待される。すなわち本章は，地域振興に貢献するというメディアの新たな役割に着目し，その先駆的な事例を紹介することで，その意義と可能性を検討していくことを目的とする。

本章が検討の対象とするメディアは，単一都道府県を事業区域とするテレビ局（以下，ローカルテレビ局）[1]である。ローカルテレビ局は，経営規模や事業区域からみて，全国メディアとして東京に立地するキー局[2]や衛星放送と，地域メディアとしてケーブルテレビの中間的存在である県域メディアに位置づけられる。特定地域を事業区域とするという点はケーブルテレビと共通するものの，設立目的や事業区域，事業主体などからみて，ケーブルテレビと比較して地域とのかかわりがやや希薄である。そのような中で，本章では，単一都道府県を事業区域とするローカルテレビ局が，どのように地域とかかわり，地域振興に貢献し，それらを通じてみずからの存在意義をどのように見出そうとしているかを検討する。

2) 系列化

日本のマスメディアは，戦前から存在したNHKラジオに加えて，1951年に民放ラジオが，1953年にNHKテレビと民放テレビ（キー局）が発足し，それ以後，全国各道府県で民間のローカルテレビ局が次々と開局した。これらの民放テレビは，1959年の皇太子ご成婚パレードの全国中継を契機にネットワーク化が進んだ。当初はニュース配信のみであったが，次第にニュース以外の番組もキー局が制作した番組を「垂れ流す」だけになっていった（林, 2003）。こうして形成されたのが，NHKと5大民放テレビ（キー局）[3]を頂点とし，ローカルテレビ局がそれぞれのキー局の配下に組み込まれる「系列」構造である。

こうした系列化は，ローカルテレビ局がメディアとしての独立性を失い，地域の主張を展開する役割を果たさず，ひいては地域社会・経済の自立を妨げることにもつながった（林, 2003）。しかし，系列化がローカルテレビ局の経営安定化に貢献したことも否めない。ローカルテレビ局は，系列のキー局が制作・配信する番組を受け入れることで番組編成のほとんどが決定し，スポンサー企

1) ローカルテレビ局の中にはキー局の系列に組み込まれない独立放送局（UHF）も存在する。以下，本章ではローカルテレビ局は独立放送局を除いたものとする。
2) 東京都に本社をおき，全国の系列局に番組を配信するテレビ局をいう。
3) 日本テレビ，東京放送（TBS），フジテレビ，テレビ朝日，テレビ東京の5局をいう。

業も容易に獲得できる。また，キー局制作の番組を放送すれば，キー局からネットワーク配分金を受け取ることができる。その金額はローカルテレビ局の全収入の25-30%を占めている。こうしたことから，ローカルテレビ局は，番組を自社で制作するより，キー局が制作・配信する番組を放送した方が，コストをかけずに多くの収入を得ることができた。こうした状況をとらえて，半澤・高田（2007）はキー局が実質的にローカルテレビ局の経営補助を行っていると指摘した。

上記の理由から，ローカルテレビ局における番組の自社制作比率はおおむね低い。キー局5局を含めた民放テレビ127局において，放送時間からみた番組の自社制作比率が10%未満の局は70（55.1%）を数え，同比率が30%未満の局の数は115（90.6%）となる（電通総研, 2014）。また，ローカルテレビ局間でも自社制作比率の高低がみられる。木村（2009）は，北海道・福岡地区を除いたローカルテレビ局の経営指標を分析し，自社制作比率が高い局ほど利益率が低いことを示すとともに，経済規模が小さくスポンサー企業を獲得しにくい府県の局は番組を自社で制作しない傾向が強いと指摘した。

こうした状況に対して，放送法では再放送にあたって他の放送事業者の同意を得る必要は示されているものの（第11条），番組編成における再放送番組の比率についての規定は定められていない。ただし，総務省令「放送局の開局の根本的基準」を受けた部内通達「一般放送業者に対する根本的な基準第9条の運用の方針」には，地域社会の要望を充足する放送を行うことが望ましいとする規定がある。しかし，その方針が提示された後も，上述した理由から，ローカルテレビ局における番組の自社制作比率が向上する傾向は認められないのが実態である。そうした中で，番組を自社で積極的に制作・放送し，高い視聴率と多額の売上げを得て，経営改善を果たすローカルテレビ局もみられる。後述する北海道テレビ放送がその一つであり，そこにローカルテレビ局の新たな可能性を見出すことができると考えられる。

3）クロスオーナーシップ

系列化とともに，日本のマスメディアの経営組織にかかわる特徴となっているのが，クロスオーナーシップである。クロスオーナーシップとは，新聞社がテレビ局に資本参加するなど，特定資本が複数のメディアを傘下にして影響を及ぼすことであり，欧米では，言論の多様性を阻害するとして，これを排除する国も多い。

日本では，全国メディアでも県域メディアでも新聞社がテレビ局に資本参加するケースが多くみられる。たとえば，全国メディアでは，1953年に放送を開始した日本テレビがクロスメディアの先駆けである。同局の筆頭株主は読売新聞社であり，同局は読売新聞社の意向を受けて経営方針や放送内容を決定するといわれている。また，朝日新聞社とテレビ朝日のように，株を持ち合うケースもみられる。

一方，地方では，社会的統合と言論統制の必要から戦時中に確立した1県1紙制が今日に引き継がれ，県紙を中心とする地方紙が県域メディアの中心として存在している。そのため，単一の都道府県を事業区域とするラジオ局やテレビ局を運営する放送事業者は，戦後まもなく，県紙を母体として設立されたものが多い（林, 2003)。すなわち，地方においても，新聞とテレビ，ラジオをもつ事業者の間にクロスオーナーシップが存在している。また，タウン誌を発行したり，インターネットのプロバイダー事業を営んだりするケースもみられ，それらは各道府県において総合的なメディア企業グループを形成している。

クロスオーナーシップをもとに形成された都道府県単位のメディア企業グループは，言論の多様性が阻害される危険性をはらむ一方で，多様で大量な情報の蓄積ときめ細かい取材網などを活用して，地域のプラットフォームあるいはインキュベーターとしての役割を果たすことによって，地域振興に貢献するケースもみられる。これらはクロスオーナーシップが顕著にみられる日本に特有の取組みであり，日本のローカルテレビ局の地域とのかかわりを検討する上で注目すべき点だといえよう。

2　番組自社制作の試み

1）北海道テレビ放送の概要

番組の自社制作率が10％未満のローカルテレビ局が多い中で，20％を超える自社制作率を維持しているのが北海道テレビ放送（以下，HTB）である。

HTBは，全国的な人気を得たバラエティ番組『水曜どうでしょう』をはじめ数多くの番組を自社で制作するほか，放送と通信の融合，国際連携事業など，時代の変化に対応した新たな事業を他のローカルテレビ局に先駆けて実施している。

HTBは，日本教育テレビ（NET）系列局として1968年に開局した。1969年に北海道全域でテレビ放送を開始し，1970年にはテレビ朝日（ANN）系列の発足と同時にそれに加盟した。しかし，HTB創業者が株の投機に失敗し，親会社である道内最大の自動車販売会社が経営破綻に陥ると，1980年にはHTBもその影響を受けて，連鎖倒産の危機に陥った。この事態に対し，ANN系列の各社が出資し，倒産の危機を免れたことをきっかけに，HTBはANN系列のローカル放送局となった。

ANN系列各社からの救済出資を受けたHTBは，1980年代以降，さまざまな試みを通じて，経営再建に乗り出すことになる。その一環として，HTBは「失敗することもあるだろうが，さまざまなことに挑戦していればいくつかモノになる番組・事業が生まれる」（小田桐，2012）と考え，番組の自主制作に積極的に取り組んだ。その一つが，1993年から放送されたバラエティ番組『モザイクな夜』とその後継番組『モザイクな夜V3』である。これらは月曜から木曜までの深夜に録画放送される30分番組で，限られた制作スタッフと予算，タイトな制作スケジュールでありながら，「占畑任三郎」や「ドキュメント・プラモデル」などの人気コーナーを生み出した（北海道テレビ放送，2003）。現在では全国区の人気タレントとなった大泉洋がテレビにデビューしたのもこの番組である。

またHTBは，東京と大阪，名古屋地区で地上デジタル放送が始まった2003年12月，地方メディアとしての理念と行動軸を定めた「HTB信条」を定めた。この信条を通じて，HTBは地域（北海道）の未来に貢献することを自社の存在意義とすることを明示した。さらにHTBは，完全デジタル化を控えた2011年1月に，デジタル時代の経営方針である「HTBビジョン」を策定した。このビジョンでは，さまざまな地域貢献を通じて，北海道の価値を高め，未来に希望をつくることをHTBの使命に定めた。そして，「HTB信条」と「HTBビジョン」をもとに策定されたアクションプランにおいて，北海道の環境，食と健康，子育て・教育，医療などの問題を積極的に取り上げるとともに，北海道の魅力を道内，道外，海外に発信することとした。

すなわちHTBは，1980年代以降，経営再建の過程で番組の自社制作をはじめさまざまな事業に挑戦する風土が培われてきた。また，デジタル化が進展した2000年代以降は，地域貢献（応援）を経営方針の柱に掲げ，地域（北海道）とともに歩むメディアとしての役割を強化している。

2）『水曜どうでしょう』

積極的な番組制作を続けるHTBにおいて，もっとも高い視聴率を獲得するとともに，『モザイクな夜』でデビューした大泉洋の人気を全国区にしたのが，1996年から2002年まで放送された『水曜どうでしょう』である。『水曜どうでしょう』は『モザイクな夜』と『モザイクな夜V3』の発展型として企画されたバラエティ番組で，大泉洋らタレント2人とディレクター2人が行う無計画な旅の様子が放送された。

『水曜どうでしょう』は視聴者から好評で，1999年12月8日の放送では18.6%という高視聴率を記録した（ビデオリサーチ札幌地区調べ）。また，放送開始後まもなくに行われたANN系列局の編成・制作部門の会議で同番組の道内での人気が話題となり，道外のANN系列局，さらには系列外のローカルテレビ局も同番組を購入し，放送するようになった。さらに，同番組はDVD化されたほか[4)]，写真集や関連グッズが販売されたり，出演者が参加するイベントが開催されたりした。同番組は2002年9月にレギュラー放送を終了し，それ以降は『どうでしょうリターンズ』と『水曜どうでしょうClassic』という特集番組で再放送されている。また，1年に1作のペースで新作が制作・放送され，それらはインターネットを活用した有料ストリーミング放送も行われ，視聴者から人気を得ている[5)]。

『水曜どうでしょう』は，制作方法に着目すると，以下の2点において特徴的である。一つは，制作局ではなく編成局が主導して番組を制作したことである。いわば局を挙げて番組が制作されており，ここに番組の自社制作に力を入

4）『水曜どうでしょう』のDVD売上げはHTBの売上げ全体の1割を超えるという。

れるHTBの姿勢を感じ取ることができる。いま一つは，『モザイクな夜』と『モザイクな夜V3』を担当したディレクターとそれらに出演したタレントが『水曜どうでしょう』に継承されたことである。テレビ番組の成否は制作者の経験や能力に左右される傾向があるといわれており，限られたスタッフと予算，タイトなスケジュールでの番組制作を経験したディレクターと出演者の存在が『水曜どうでしょう』を成功に導いたともいえる。

『水曜どうでしょう』の成功は，テレビ視聴率や関連グッズ等の売上げといった経済的効果だけでなく，道内外でのファンの獲得，タレントの育成・マネジメントにおいてもローカルテレビ局の新たな可能性を示した。『水曜どうでしょう』は，テレビやDVD，インターネット，イベントといった多メディアでの展開を通じて，道内外に多くのファンを獲得した。そうしたファンは，電子掲示板やSNSコミュニティなどのインターネット上で情報を交換したり，現実社会でも各地でオフ会を開催したりするなど，『水曜どうでしょう』をテーマとしたネットワークを形成した。一方，タレントの育成・マネジメントについては，大泉洋の成功がその可能性を証明している。『モザイクな夜』にアルバイト出演した大学生（当時）の大泉洋は，『水曜どうでしょう』を通じて全国区の人気を得て，現在では日本の映画やテレビドラマに欠かせない役者まで成長している。

『水曜どうでしょう』のディレクターを務める藤村は，「北海道テレビに限らず，ローカル局には，全国ネットの番組とはまったく違う論理で番組作りができる醍醐味があ」ると指摘した上で，それは「醍醐味（という）だけではなく使命でもある」とも述べた（インタラクティブ・プログラム・ガイド，2012）。この指摘は，HTB以外のローカルテレビ局も，HTBと同様に番組の自社制作に取り組む可能性のあることを示唆している。しかし実際には，いくつかのローカルテレビ局が『水曜どうでしょう』と同様の番組制作を試みたものの，

5）2011年春の新シリーズでは，テレビ放送終了直後から「アクトビラ」「ひかりTV」などで有料ストリーミング放送が行われた。その初回放送には視聴者からのアクセスが集中し，「アクトビラ」と「ひかりTV」ではサーバがダウンする事態となった（小田桐，2012）。

HTBのような成果を挙げることができなかった。

3)『北海道アワー』

HTBはまた，同局が立地する北海道の情報を海外に発信する取組みも積極的に推進している。HTBは，1980年代から北海道と関係のあった中国・黒竜江省やアメリカ・シアトルの放送局などと友好提携を結んでいたが，1990年代に入ると，北海道の情報を海外に発信することを目的とした戦略的な国際連携事業を推進するようになった。

その一つが「JET TV」への資本参加と『北海道アワー』の放送である。「JET TV」は，台湾と東アジア向けの日本専門チャンネルを開設するために，住友商事やTBSなどが1997年に立ち上げた衛星放送会社であり，HTBはローカルテレビ局として唯一これに資本参加した。そしてHTBは，北海道庁と道内市町村，道内企業の参加を得て「東アジアメディアプロモーション協議会」を発足させ，各構成組織の協力を得て，北海道の自然や文化などを紹介する『北海道アワー』を制作し，1997年から週1回1時間の枠で「JET TV」での放送を開始した。これについて，北海道庁は同協議会の活動を支援するための予算を組み，HTBは1997年度から3年間，同協議会からの経済的支援を受けながら『北海道アワー』の制作・放送を行うことができた。なお，HTBが『北海道アワー』で使用した映像は，道内の地上放送用に制作されたインタビュー映像や情報番組映像を再編集したもの，すなわち既存コンテンツを有効活用したものである。

同協議会の活動は2003年に終了したが，その後もHTBは『北海道アワー』の制作・放送を継続した。また，2006年には上海メディアグループと，2008年には東亜ドットコム（韓国）と提携したほか，2007年には「BBC Motion Gallery」（イギリス）でHTB制作の北海道情報を放送するなど，HTBは海外における北海道情報の発信をさらに強化している。

『北海道アワー』の放送開始後，アジア各国から北海道を訪れる観光客の数が大幅に増加した。北海道経済部の調査によると，台湾からの北海道への観光入込客数は，1997年度の53千人から2005年度には277千人へと5倍超に増加した（図2-1）。また，北海道を訪れた台湾人観光客が北海道の観光情報の入

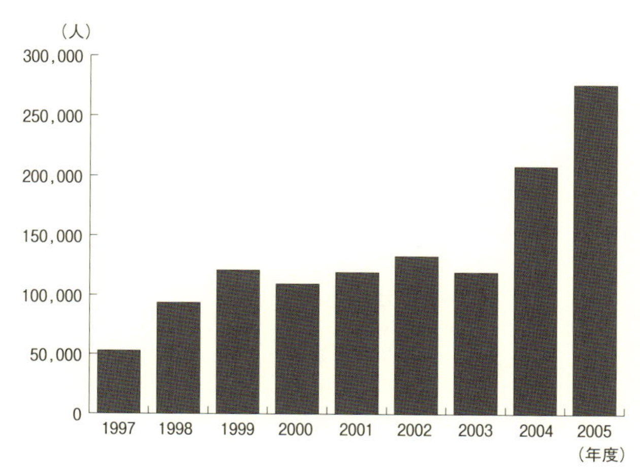

図 2–1　北海道に訪れた台湾人観光客数の推移（1997–2005 年度）
（「北海道経済部観光入込客数調査」より作成）

表 2–1　台湾人観光客が北海道を旅行先に選んだ理由と北海道観光情報の入手手段（2005 年）

順位	北海道を旅行先に選んだ理由		北海道観光情報の入手手段	
1	観光地として魅力的	25.3%	雑誌	22.2%
2	北海道旅行の評判が良い	18.5%	テレビ	21.0%
3	北海道の知名度が高い	15.7%	旅行会社	19.2%
4	飛行機の直行便がありベンチ	12.9%	インターネット	15.5%
5	治安が良い	7.7%	新聞	12.7%

（平成 17 年度訪日外国人来道者満足度調査より作成）

手手段として「雑誌」に続き「テレビ」が回答者の約２割から挙げられた（表2–1）。このことから，HTB が放送する『北海道アワー』が北海道への外国人観光客の誘致にも一定の役割を果たしたことがうかがえる。実際に，テレビで視聴した「雪」と「温泉」に惹かれて北海道を訪れた外国人観光客が多く，夏場を中心とする国内観光シーズンに加えて彼らが冬場に来るようになったことから，北海道の観光産業構造が夏中心から通年に変化したといわれている[7]。

こうした実績を踏まえ，HTB は 2012 年，「国際物流を通じた道産品輸出促

7）サービス産業生産性協議会資料による。

進研究会」との間で「海外における北海道産品ブランド形成のための連携協定」を締結した。この協定にもとづき，同研究会は商社・輸送・通関機能を有したシステム（「北海道国際輸送プラットフォーム」）を構築し，一方でHTBはアジア各国のメディアで道産品を紹介することで，北海道産品の輸出促進とブランド形成を図ることとしている。

3　クロスオーナーシップを強みとした事業展開

1）静新SBSグループ

ローカルテレビ局に独自の取組みとして注目されるのが，クロスオーナーシップを強みとした事業展開である。その一つが，ブランドビジョンや行動指針を共有し，さまざまな共同事業を手がける「静新SBSグループ」である。

静新SBSグループは，大石光之助が創設した静岡新聞と静岡放送（SBS）を中心とする9社が組織するメディア企業グループである（表2-2）。同グループは本社および東京支社の建物とブランドビジョン，行動指針，シンボルマーク，グループカラー，ブランドスローガンを共有するほか，社員一括採用を実施している。このうちブランドビジョンでは，「静岡に根ざしたメディア企業として，地域と真正面から向き合い」ながら，「地域や自分の生活環境をもっと快適にしたいという「想い」を抱く人びとの「やる気」を掘り起こ」すとしている。また行動指針の一つとして，「新聞・テレビ・ラジオ，そしてインターネットを持つメディア企業として，地域No. 1の「情報ポータル」をめざ」すことを掲げている。

表2-2からもわかるように，静新SBSグループが取り組む事業は多岐にわたっている。たとえば，静岡新聞・静岡放送文化福祉事業団は駿府博物館の運営，社会福祉支援事業「愛の都市訪問」，災害救援の義援金活動，学生らの地域貢献活動に対する表彰事業などを実施している。このほか，静岡県中部地域の持続的な発展に向けた提言活動を行う「静岡県中部未来懇話会」，静岡県西部地域の異業種交流組織「21世紀倶楽部」，静岡県東部地域の振興に向けた提言活動を行う「サンフロント懇話会21」などを運営している。

また最近では，オリジナルキャラクターの開発・活用に取り組んでいる。

表2-2　静新SBSグループ企業一覧（2014年）

区分	企業名	業務内容
グループ企業	静岡新聞総合印刷	新聞印刷・受託印刷
	静岡県新聞輸送	新聞および一般貨物の輸送
	SBSマイホームセンター	総合住宅展示場
	SBSプロモーション	広告・保険，旅行代理店
	SBSメディアビジョン	テレビ・ラジオ番組 企画制作
	ハワイ報知社	ハワイ唯一の日本語日刊新聞
	伊豆新聞本社	伊豆地方の日刊紙
	トムス	マーケティング事業
	SBS情報システム	システムインテグレーション事業
関連団体	静岡新聞・静岡放送文化福祉事業団	芸術・文化，社会福祉等地域貢献活動
	駿府博物館	駿府博物館の運営
	静岡県中部未来懇話会	静岡県中部地域発展方策の検討・提言
	サンフロント懇話会	静岡県西部地域の異業種交流
	SBS静岡健康増進センター	静岡県東部地域発展方策の検討・提言
	静岡新聞放送健康保険組合	健康保険事業
	静岡新聞放送厚生年金基金	厚生年金事業

（静岡新聞SBSのウェブサイトほかより作成）

SBSが2008年に，東京のアニメスタジオと共同で開発したキャラクター「パンパカパンツ」がそれである。パンパカパンツはSBSの番組で繰り返し使用され，印象的な歌詞と愛らしいダンスが視聴者に受け入れられたことから，静岡県内で人気が広がり，さらには山形県や熊本県のローカルテレビ局でも使用されるようになった。こうしてパンパカパンツの人気が広がると，グループ企業である静岡新聞社は，パンパカパンツを題材とした絵本を2011年以降に続けて出版した。

以上にみたように，静新SBSグループの取組みは，さまざまなメディアと現実社会の両方において，静岡県内の多様な主体が情報を共有・交換しあうプラットフォームを構築し，そこでの情報共有・交換を通じて視聴者および読者の静岡への愛着を高め，静岡をより良い地域にするための取組みを生み出すインキュベーション機能をもつものである。こうした地域プラットフォームおよび地域インキュベーション機能は，静岡新聞とSBSのクロスオーナーシップ，さらにはグループ企業としての結合が生み出したものとみてよいだろう。

2）山日 YBS グループ

山日 YBS グループは，1872 年創刊の峡中新聞（現・山梨日日新聞）が 1954 年に開局したラジオ放送（ラジオ山梨）と 1961 年に開局したテレビ放送（YBS 山梨放送）に，広告や印刷，情報処理，旅行，文化事業など 15 社が加わったメディア企業グループである（表 2-3)。「グローバル＆ローカル」を合言葉に，世界を見すえつつ，山梨県に根ざしたかたちでさまざまな共同事業を展開している。また山日 YBS グループは，静新 SBS グループと同様に，本社ビルの共有や社員一括採用を行うほか，経営戦略，総務，経理などの管理部門の統括会社を共同で設立・運営している。

山日 YBS グループの特徴的な事業として，環境保全への取組みを挙げることができる。山日 YBS グループは「富士山をきれいにする会」を 1962 年に組

表 2-3　山日 YBS グループ企業一覧（2014 年）

企業名	業務内容
山梨日日新聞社	新聞発行
YBS 山梨放送	ラジオ・テレビ放送
アドブレーン社	広告，イベント
サンニチ印刷	印刷
YBS T&L	旅行事業，保険・調査
山梨ニューメディアセンター	システム開発・運営
タウン企画	タウン誌
山梨文化学園	カルチャーセンター事業
日本ネットワークサービス	ケーブルテレビ事業
デジタルテレビジョン	広告・印刷，フォトサービス
ファーストビジョン	番組・CM 制作
ウインテック コミュニケーションズ	インターネット・プロバイダー事業
新聞センター	新聞販売
山日リース	産業機械・情報機器リース
山梨文化会館	管理部門統括，山梨文化会館のビル管理

（山日 YBS のウェブサイトより作成）

織し，それ以来，富士山の清掃・緑化活動を継続的に実施している。また，2009年には環境憲章を制定し，グループ企業が一丸となって，環境配慮の事業活動，環境負荷の提言，環境意識の徹底に取り組んでいる。

また，山日YBSグループが創業140周年を記念して2012年に開始したのが「カガヤカ（kagayaka）」プロジェクトである。このプロジェクトは，伝統工芸品など山梨県内のさまざまな産業資源を，デザインの力を利用して魅力を高めるとともに，グループ企業の諸メディアを活用して，国内外の市場に宣伝・販売するというものである。この事業の目的は，「カガヤカ」というブランド名から読み取ることができる。すなわち「生まれ育った町が輝いていると嬉しい…。そんな山梨そして日本を，微力ながらもっともっと輝かせたい…。そんな想いから「カガヤカ」という名前は生まれました。」（Kagayaka, 2013）。

このように山日YBSグループは，静新SBSグループと同様に，クロスオーナーシップをベースとして，山梨県の環境保全や産業振興につながる取組みを積極的に展開している。すなわち，地域に根ざしたメディア企業グループとして，県域の地域振興に積極的な役割を果たそうとしていることに２事例の共通点を見出すことができる。

4 「伝える」から「つなげる」「生み出す」へ

以上，本章では，地域振興に貢献するというローカルテレビ局の新たな役割に着目し，その先駆的な事例を紹介することで，その意義と可能性を検討してきた。

HTBは，キー局から配信される番組を放送する割合が大きい日本のローカルテレビ局の中にあって，経営再建策の一つとして番組制作に積極的に取り組んだ。厳しい制作環境の中で番組制作の経験とノウハウを得たスタッフや出演者が人気番組を生み出し，同社の売上げ増加に貢献するとともに，全国で活躍するタレントを輩出した。また同社は，道内の行政や企業等と連携して地域・観光情報をアジア諸国等に配信することで，台湾をはじめアジア各国から多くの観光客を受け入れ，北海道経済に多くの恩恵をもたらしている。

また，クロスオーナーシップをもとに形成された静新SBSグループと山日

YBSグループは，環境保全や文化振興などにグループ一丸となって取り組むと同時に，県内の多様な主体が情報を交換・共有し，新たなアイデアやコンテンツ，行動を生み出す苗床（地域プラットフォームあるいは地域インキュベーター）としての役割を果たしている。

これらの事例に共通する点として，ローカルテレビ局が系列に組み込まれ，キー局に従属するだけでなく，メディアとしての強みを活かしつつ，グループ企業あるいは当該地域の多様な主体と連携・協力しながら，地域振興に貢献しようとしていることが挙げられる。すなわち，地方分権が進展し，地域の多様な主体が連携・協力して地域を運営するローカル・ガバナンスの時代にあって，ローカルテレビ局が地域（ここでは都道府県）を構成する一員であることを自覚し，積極的な取組みを展開している。各局は，そうした取組みを通じて，地域に多面的な効果をもたらすことにみずからの存在意義を見出しており，自社の経営改善も果たす例もみられる。

近年，多チャンネル化，インターネットの普及，若者のテレビ離れ，放送と通信の融合など，テレビ放送をとりまく環境は大きく変化し，その経営は厳しさを増している。そうした中で，ローカルテレビ局は，本来の「伝える」役割に加えて，本章で取り上げた事例にみられるように「つなげる」役割と「生み出す」役割の重要度が増しており，そこに新たな可能性を見出すことができるのではなかろうか。

【文　献】

インタラクティブ・プログラム・ガイド（2012）．ローカル放送局は恵まれている，という話。〈http://www.ipg.co.jp/press/story/vol112.html（最終閲覧日：2014年11月12日）〉

小田桐誠（2012）．『水曜どうでしょう』で大泉洋をブレークさせた北海道テレビ―破たん状態からの再スタート〈http://wedge.ismedia.jp/articles/-/2181（最終閲覧日：2014年11月12日）〉

木村幹夫（2009）．ローカル局の放送力　アウラ **193**, 34–37.

山日YBS〈http://www.sannichi-ybs.co.jp/SAIYOU/group.html（最終閲覧日：2014年11月17日）〉

静岡新聞SBS〈http://www.at-s.com/group/（最終閲覧日：2014年11月17日）〉

電通総研（2014）．情報メディア白書2014　ダイヤモンド社

林　茂樹（2003）．地域メディア小史―新しい視座転換にむけて　田村紀雄［編］地域メディアを学ぶ人のために　世界思想社, pp.29–54.
林　茂樹（2004）．メディア・ローカリズムの可能性　早川善治郎［編］現代社会理論とメディアの諸相収録　中央大学出版部, p.318.
半澤誠司・高田真也（2007）．テレビ番組制作業の企業経営―番組制作外注と著作権管理〈http://www.hbf.or.jp/grants/pdf/j%20i/15-ji-hanzawa.pdf（最終閲覧日：2014年11月12日）〉
北海道テレビ放送（2003）．水曜どうでしょう　番組スタッフからのメッセージ〈http://www.htb.co.jp/suidou/staff/staff_128.html（最終閲覧日：2014年11月7日）〉
山田晴通（1986）．地理学におけるメディア研究の現段階　地理学評論 **59**, 67–84.
山田晴通（1987）．地理学におけるメディア研究のために　北村嘉行・寺阪昭信・富田和暁［編］情報化社会の地域構造　大明堂, pp.24–33.
寄藤　昴（2003）．地域メディアと地域調査―地理学の視点から　田村紀雄［編］地域メディアを学ぶ人のために　世界思想社, pp.55–78.
Kagayaka（2013）．Kagayakaについて〈http://www.kagayaka.jp/about.html（最終閲覧日：2014年11月11日）〉

第3章
アニメ産業の集積メカニズムと国際分業

日本のアニメ製品は，製品の流通と消費の華やかさに脚光が当てられる一方で，生産現場の実態はあまり知られていない。アニメを生産するスタジオの多くは，日本国内では東京に立地している。その理由は，一つには，この産業の発展の経緯から，東京西郊外や都心部を中心に立地していた映画制作会社や出版社などの関連産業との近接性が重視されたことがある。現在にいたるも，この集積は維持されている。他方で現在のアニメの生産工程は，韓国・ソウルや中国・上海周辺地域などの東アジアの大都市およびその周辺地域に立地するスタジオとの間で国際分業が進展している。どうしてこれらスタジオの多くは，大都市地域に集まっているのだろうか。それを理解するためには，生産工程のみならず，各国における市場の発展状況や，労働者の労働環境にも着目しなければならない。そこで本章では，大都市におけるアニメ産業の集積構造を，これらの視点から多角的に紹介する。

中国スタジオでの動画スキャン風景

1 アニメ産業の概要

1）アニメ産業の市場

日本におけるアニメスタジオの市場別年間売上額の推移をみると，2011 年現在，テレビ放送（560 億円）を最大の市場として，1,581 億円の市場規模である（日本動画協会, 2012）。海外展開を強調されることの多い当該産業であるが，スタジオの年間売上額に占める海外市場での売上額の割合は 10.1％（244 億円）であり，主要な市場は国内にあることがわかる。

2013 年 2 月期における国内テレビ市場における放送時間別アニメ本数をみると，朝帯（7–10 時）16，夕方帯（16–20 時）18，深夜帯（23 時以降）18 である（Yamamoto, 2014）。テレビアニメの新規放送本数は 1990 年代後半に急増し，1997 年に 100 を超えた後，2006 年をピークに減少傾向に転じている（山本, 2012）。1997 年と 2007 年の時間帯別放送数を比較すると，1997 年では朝帯 3，夕方帯 33，深夜帯 1，2007 年では朝帯 13，夕方帯 24，深夜帯 32 であり，夕方帯が減少を示す一方で，朝帯が緩増，深夜帯が急増している（山本, 2012）。また，2013 年では，朝帯が増加する一方で，深夜帯が 2007 年の約半数に減少している。このように，1990 年代後半以降現在にいたるまで，アニメ産業の市場は，売上額で最大のシェアを誇る深夜帯アニメの動向に大きく左右されていることが示唆される。この深夜帯アニメのおもな視聴者は，コアなアニメファン層であり，当該時間帯のアニメ放送は，彼らをターゲットとした DVD などの販売を目的としている。

2）アニメの生産工程

近年，コンピューターを用いた 3DCG アニメ製品が増加している。そのような中にあって，日本のアニメ製品の多くは，基本的にセルアニメと同様の生産方法を維持している。動画部分では，生産者がキャラクターの動きに合わせて少しずつ異なる絵を紙に描く。この絵を 1 枚ずつ連続して画面に映し出すことで，キャラクターが動いているように見せている。このため，アニメの生産には大量の紙が必要であり，テレビシリーズ用の 30 分アニメ 1 本ではおよそ 3,000 から 4,000 枚が用いられる。

生産工程は大きく3部門に分けられる。プリプロ部門では，「企画」や「デザイン」「レイアウト」などが製品のコンセプトや設計図を作成する。プロダクション部門は，生産の中核を担う部門であり，キャラクターのキーになる絵を描く「原画」と，「原画」の描いた絵の間をつなぐ細かな動きを1枚1枚の紙に描く「動画」，描いた絵に色を塗る「仕上げ」，風景などの絵を描く「背景」などの工程が含まれる。ポスプロ部門では，「編集」によって製品の仕上げや納品先の規格に合わせた調整がなされる[1)]。

テレビアニメ1話の生産には，3カ月程度を要する[2)]。また，総勢150人程度の労働者を必要とする。これらのうち，動画と仕上げには，それぞれ30–40人が動員され，労働集約的な工程となっている。そのためこれらの工程では，後述するように，近隣国の安価で大量の労働力などを理由として国際分業が進展している。

2　日本アニメ産業の立地

1）アニメスタジオの立地

日本のアニメスタジオの多くは東京に立地している（図3–1）。2005年時点におけるアニメ制作スタジオは全国で350社あり，そのうち79.4％にあたる278社が都内にある。とりわけ練馬区および杉並区には，全国の37.7％にあたる105社が立地している（山本, 2007）。この集積の初期には，映画撮影所の撮影施設を利用するため，その近隣にアニメスタジオが立地した。その後，それらスタジオからの独立を重ねることで現在に至る集積が形成されてきた（小長谷・富沢, 1999）。

2）アニメスタジオの取引の特徴

日本のアニメスタジオは，大きく二つの類型に区分できる。一つが元請けスタジオであり，いま一つが工程受注スタジオである。元請けスタジオは，アニ

1）生産工程の詳細については，山本（2012）などを参照のこと。

2）スタジオ関係者からの聞き取り調査による。

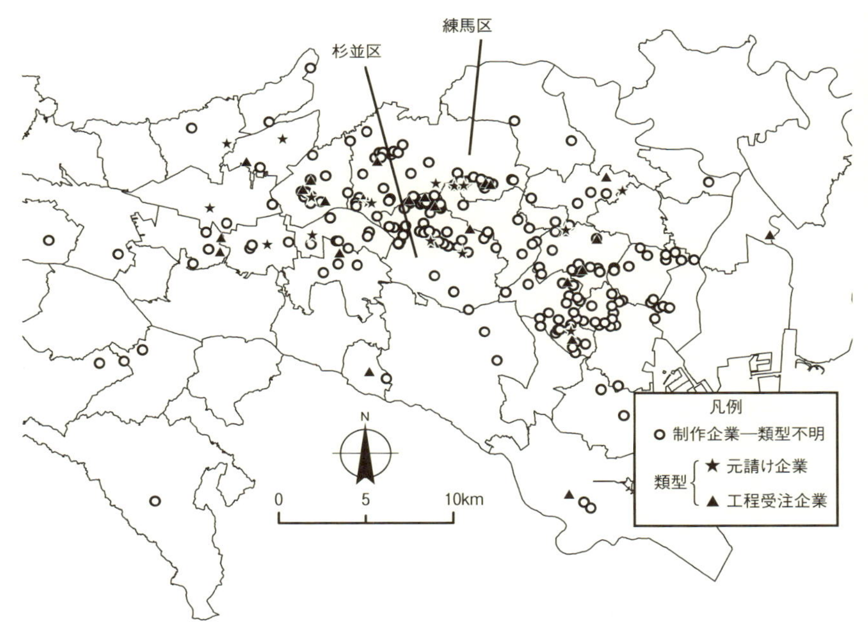

図 3-1　東京におけるアニメスタジオの立地
（山本（2012）をもとに作成）

メの企画，制作を請け負い，必要に応じて生産工程を近隣の仲間のスタジオに発注する。工程受注スタジオは，特定の生産工程のみを請け負う。これら制作企業の主要取引先をみると，元請けスタジオでは，都心に立地する関連コンテンツ産業からの受注が相対的に多い。他方で，工程受注スタジオの主要取引先の多くは，杉並区や練馬区に立地する同業他社である。これらの取引関係は，元請けスタジオが産業外から仕事を受注し，産業内のスタジオに分配する姿を示している。

2005年に東京に立地するアニメスタジオ48社を対象にしたアンケート調査を実施した[3]。その結果，主要顧客との取引の際に重視する事柄では，元請けスタジオ，工程受注スタジオともに支払いに対する信頼に多くの回答が集まっ

3）詳細は山本（2007）を参照のこと。

表 3-1　受注取引における納期の分布

納期	元請	工程受注
1 日		9
1 週間	1	12
旬期		7
1 カ月	2	5
2-3 カ月	13	7
4-6 カ月	8	4
7-9 カ月	3	
10-12 カ月	4	1
13 カ月以上	1	
合計	32	45

（山本（2007）の表 2 をもとに作成）

た。また，自社が得意とする仕事や対応可能な仕事量，慣習的な取引なども重視している。さらに，工程受注スタジオは地理的近接性も重視している。同業他社への発注については，労働力補完や技術補完のほか，納期の短さや慣習的な取引を重視している。

同業他社との取引で納期の短さが重視される理由として，生産期間の短さが挙げられる。表 3-1 は，受注取引時にもっとも頻度が高い納期を尋ねた結果である。元請けスタジオは，2-3 カ月にもっとも多くの回答が集まった。これはアニメ 1 話のグロス請け生産が多いことを示している[4)]。一方で，工程受注スタジオでは 1 日や 1 週間に多くの回答が集まった。下流工程となる動画や仕上げは，上流工程のスケジュールが遅れた場合，短時間での生産作業が求められる。また，製品の微調整や急な変更が生じることもある。それらに対応するため，工程受注スタジオには，最短で即日の納期が求められる。

このような同業他社との頻繁で柔軟性を必要とする取引では，契約内容を明文化しないことが一般的となっている。契約内容を明文化することは，仕事内容の硬直化を導き，業界慣習や暗黙の了解による付加的なサービスや柔軟な対応を困難にさせるなど，受発注双方にとって必ずしも利とならない。同業他社

4）テレビアニメ 1 話あがりの制作期間はおよそ 3 カ月である。

との取引では，業界慣習が通用し，契約内容を明文化しなくとも取引内容を十分に伝えることが容易である。また，取引される製品の採否判断が担当者の感性によるところが大きいこと，納期が非常に短いこと，そのために受発注者双方において臨機応変な対応が求められることなどを理由として，契約内容の明文化がなされない場合が多い。

このように同業他社との取引では，契約内容を明文化しないことによる不履行のリスクよりも，業界慣習を通じて得られる柔軟性の利益が優先されている。またスタジオは，契約不履行のリスクを回避するために，取引に際して支払いや品質，生産可能量など，取引相手の経済的，技術的な信頼性を非常に重視している。これらの信頼関係は，慣習的な取引関係を通して構築されている[5)]。

3）労働市場の特徴

アニメ産業の労働市場には，正規従業員数を上回る数のフリーランサーが存在している。筆者が2005年に実施したアンケート調査では，回答したスタジオの構成員数内訳は，正規従業員898人に対して，フリーランサーは延べ1,391人であり[6)]，大量のフリーランサーの存在が推察されている。

職種別の雇用形態をみると，「制作」の多くは正規従業員である。また，演出，原画，動画，仕上げといった実際の生産を担う職種では，フリーランサーが多い。制作は生産スケジュールの管理や半製品の輸送などを担当する。プロジェクト途中での離職や，他スタジオへの転出はその後のプロジェクト運営のみならず，他社からのスタジオへの評価にも大きな影響を及ぼす。そのため，スタジオが当該労働者に正規従業員としての地位を保障することで，労働者の流動性を低く抑えている。他方で，演出や原画，動画といった職種では，生産される製品によって，労働者の得手不得手が顕著である。スタジオは，製品の内容や仕事量に応じて，これら部門の労働者数をある程度柔軟に調整することが求められる。このような職種ごとの仕事の性質の違いから，雇用形態に違いが生

5）半澤（2001）は，新規取引を開始する際には，業界内の「噂」などの非公式に収集された情報が重視されることを指摘している。
6）調査の詳細は山本（2007）を参照のこと。

じている。

アニメ産業労働者には専門的な技術が求められる。フリーランサー20人を対象にしたアンケート調査の結果によると，20人中14人が最終学歴として専門学校と回答した。そこでアニメ専門学校あるいは専門科を有する学校の立地をみると，東京，大阪，名古屋をはじめ，全国の主要都市を中心に分布している[7)]。これら都市部を中心に分布する専門学校が，東京に立地するアニメ産業の労働力供給源となっていることが示唆される。

またフリーランサーの技術習得機会を尋ねたところ，専門学校とともに，現場での先輩による指導が挙げられた。筆者が2009年に実施した，労働者10人を対象とした調査においても，動画工程に従事する労働者ではオン・ザ・ジョブトレーニングや先輩による指導，仲間どうしの勉強会などが主要な技術習得機会となっていた。これらの結果は，専門学校で基礎的な技術を習得した労働者が，就業後に現場の人間関係を通じて高度な技術を身につけていくことを示している。

フリーランサーは実際には特定のスタジオへ所属するものの，仕事の獲得や仕事量については個人の裁量によるところが大きい。彼らの給与形態は出来高給が一般的であり，最低賃金が保障されないこともある。演出や原画，動画などを担うフリーランサーにとって，仕事の多寡は収入に直結する。フリーランサーの1カ月における仕事受注数を尋ねた結果では，平均で1.7社，2.7タイトルであった。回答者の中には5社，10タイトルを受注する者もいた。このような受注スタイルは，就業の不安定性に対する回避行動と理解できる。

彼らの仕事斡旋の窓口となるのが制作を担当する労働者である。制作労働者は自身の「電話帳」といわれるリストを有している。このリストには，アニメスタジオや他スタジオの労働者の連絡先が記載されている。制作労働者が，仕事量や生産物の性質に応じて，この電話帳の中から適するスタジオや人材に仕事を斡旋する。制作労働者はもとより，生産部門の労働者にとっても，このような斡旋者とつながりをもつことは，仕事を獲得する上で重要となる。

7）東京と大阪に校舎をもつ，ある専門学校グループの2005年度入学者の出身高校の分布をみても，関東圏，近畿圏のみならず全国から入学者を集めている（山本，2007）。

4）東京におけるアニメ産業の集積構造

このように，日本においてアニメスタジオの東京への集積を促す主体として，①顧客としての関連コンテンツ産業，②アニメスタジオ間の信頼関係に立脚した取引関係，③労働者の人的つながりによる技術習得と仕事斡旋関係，④労働力供給ポンプとしての専門学校が挙げられる。

東京には，出版業やゲーム制作業など，アニメ産業と関連するコンテンツ産業が多く立地する。これら都心部に立地する主要顧客からの仕事を，元請けアニメスタジオが受注し，仲間のスタジオとの間の分業関係を通して，製品を生産する。アニメスタジオ間には，支払いや技術力に対する信頼に立脚し，業界慣習に支えられた取引関係が成立している。この取引関係は，仕事への臨機応変かつ短納期での対応を可能にしている。

また，スタジオの周囲には柔軟かつ専門的な技術を有する労働者が存在する。労働者は，全国に分布する専門学校で基礎的な技術を習得し，東京に集積する当該産業に参入する。彼らは不安定な雇用形態である場合が多く，就業の不安定性を回避するために，参入後には職場での労働者間のつながりを通じて高度な技術や日々の仕事を獲得している。

産業内での物流をともなう頻繁な取引，労働者の社会関係をともなうつながりの存在は，スタジオ間，およびそれらスタジオで働く労働者間の近接立地により形成，維持されてきた。これら産業内ネットワークの存在がまた，アニメスタジオの集積を促している。

3　韓国，中国におけるアニメ産業の立地

1）国際分業の実態

日本アニメ産業は，先述のとおり，生産過程で分業関係が発達している。この分業関係は，国境を越え，国際的な拡がりをみせている。主要な分業先は，韓国・ソウル，中国・上海地域である（山本, 2012）[8]。これら分業先へ発注す

8）アンケート調査の結果では，韓国15取引，中国7取引のほか，インドネシア2取引およびアメリカ1取引が挙げられた。

る工程および理由は，各地域との取引歴や相手地域でのアニメ産業の発展状況により異なる。

韓国は中国と比較して日本との取引歴が長く，技術蓄積が進みつつある。一方で，中国は安価で大量の労働力を武器に，動画や仕上げを中心に，これまで韓国が担ってきた労働集約的な工程で競争力を発揮している。実際の取引をみると，韓国へ発注する工程は動画や仕上げのほか，原画や美術（背景）などの技術力を必要とする工程もある。他方で，中国へ発注する工程は，動画，仕上げが大半を占める。日本のアニメスタジオの中には，中国スタジオへは動画，仕上げ工程を，韓国スタジオへは技術力の必要な原画やレイアウトなどの工程を発注するなど，使い分けているところもある[9)]。

また，日本のスタジオへの海外スタジオとの取引の際に重視する事柄を尋ねたアンケート調査の結果，韓国スタジオとの間では，労働力補完や短納期での生産量の確保とともに，技術補完を挙げており，価格よりも技術力や品質を重視していることがわかる。他方で，中国スタジオとの取引では，安価な労働力を利用した短納期での生産量の確保に多くの回答が集まり，品質よりも価格や生産量を重視している姿が認められる[10)]。

韓国や中国との取引には，協会便や企業便と呼ばれる共同輸送システムが利用される。協会便には，日本国内の比較的近しい関係にあるスタジオが，それぞれの韓国，中国のパートナースタジオとともに加盟しており，輪番で輸送を担当する。往路では，当番スタジオに半製品が持ち込まれ，当番スタジオ担当者が韓国や中国のパートナースタジオへ搬送する。パートナースタジオや現地空港には，日本スタジオから連絡を受けた各パートナースタジオの担当者が半製品を受け取りに来る。復路では，当番パートナースタジオに持ち込まれた半製品を，日本スタジオの担当者が日本へと持ち帰る。この往復には3日間を要する。企業便はこのような半製品の集荷配布を専門とする企業による輸送である。協会便，企業便は，複数存在し，それぞれの地域間をほぼ毎日輸送できるように調整されている。

9）山本（2012）を参照のこと。
10）詳細は山本（2012）を参照のこと。

2）韓国アニメ産業の集積構造

韓国のアニメ産業は，これまで日本やアメリカのアニメ産業の生産基地として発展してきた。2012年現在では，政府による海外製品の放送規制や国内産業の支援策によって，韓国国内市場の発展や自国製品の海外展開をみせるまでに成長し，産業規模は拡大しつつある（山本, 2012）。

2005年に調査をしたソウルのアニメスタジオの主要顧客をみると，取引国・地域によって顧客の業種が異なる（表3-2）。日本を主要取引先とするスタジオ（以下，対日取引スタジオ）の場合，顧客の業種はアニメ産業に特化して

表3-2　ソウルにおける調査対象スタジオの海外取引と受注業務

スタジオ	海外依存率	海外１位		海外２位		海外受注業務										
		取引国	業種	取引国	業種	企	制	演	原	動	仕	美	撮	音	編	C
A	100	USA	ア・映	USA	ア・ゲ				○	○	○	○	○			
B	100	JPN	ア		–				○	○	○					
C	x	JPN	ア		/		○	○	○	○	○	○	○	○		○
D	主	JPN	ア		/		○	○	○	○	○	○	○	○		○
E	主	JPN	ア		/								○			
F	1–25	FRN	ア		–		○	○	○	○	○	○	○			
G	x		x		/						x					
H	51–75	JPN	ア	JPN	ア	○			○	○	○					
I	0		-		–						–					
J	76–99	SPN	M	USA	M		○									
K	主	JPN	ア		/		○	○	○	○	○	○	○		○	
L	1–25	USA	広		x		○		○	○	○	○	○	○	○	○
M	76–99	USA	ア		–											○
N	76–99	USA	M	USA	M		○									○
O	76–99	JPN	ア	JPN	ア		○	○	○	○	○	○	○		○	

（山本（2008）より引用）

注：主要取引先について，アンケート調査企業は第２位まで尋ねた。聞き取り調査企業は最主要取引先について尋ねた。海外依存率は，年間売上額に占める海外企業からの受注額比率をパーセントで示し，「主」は聞き取り調査において「主とする」と回答したものを示す。取引国は，JPN＝日本，USA＝アメリカ，FRN＝フランス，SPN＝スペインを示す。業種は，ア＝アニメ制作，映＝映画制作，放＝放送，ゲ＝ゲーム制作，広＝広告，M＝マルチメディア関連サービスを示す。海外受注業務は，企＝企画，制＝制作，演＝演出，原＝原画，動＝動画，仕＝仕上げ，美＝美術，撮＝撮影，音＝音響，編＝編集，C＝CGを示す。「/」は調査対象外を示す。「–」は取引がないことを示す。「x」は無回答または不明を示す。

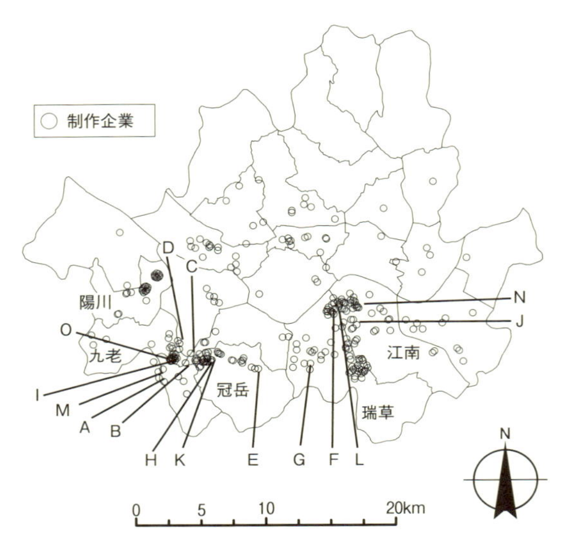

図 3-2　ソウルにおけるアニメスタジオおよび調査スタジオの立地
（山本（2008）をもとに作成）
注）図中アルファベットは分析対象スタジオを示す。

いる。他方で，欧米を主要取引先とするスタジオ（以下，対欧米取引スタジオ）の場合，顧客の業種は放送業，広告業，マルチメディア関連業など，隣接産業がみられる。この主要取引先の違いは，スタジオの立地のみならず，取引のあり方や顧客からの評価方法にも影響を与えている。

アニメスタジオは，ソウル市内の漢江南岸に多い（図 3-2）。また当該地域内での立地をみると，スタジオの主要取引先の違いによって異なる集積が形成されていることがわかる。対日取引スタジオは，日本からの短納期の仕事に対応するため，地価が安く，仲間スタジオとの労働力の融通や国際空港へのアクセスにも優れる冠岳区新林洞を中心とした地域に立地している[11)]。日本のスタジオとの取引では，生産スケジュールや生産量に臨機応変な対応が求められる。

11）セルアニメ時代には，原料となるセルや絵具は日本製であったため，原料在庫を切らした際には，補充に時間がかかった。仲間スタジオ間では，労働力のほか，これらの原料についても融通しあった。

そのため，日本での場合と同様に，契約内容を明文化することが困難である。そこで，日本のスタジオとの関係構築に際しては，継続して仕事を請けられるよう，多少無理のあるスケジュールであっても受注したり，同業他社の顧客を奪わない配慮をしたりするなどして，信頼の獲得を重視している。

他方で，対欧米取引スタジオは，資本力の提示や土地のもつイメージの良さ，関連コンテンツ産業との近接性などを理由として，江南区のオフィス街に隣接する地域を中心に，中心業務地区を立地指向している。また，欧米の関連コンテンツ産業企業との取引では，同業他社との取引時にみられるような暗黙の了解が通用しない場面が多い。そのため，契約内容を明文化することで，社会的信用を保証している。

このような，主要顧客の違いによる産業構造の違いは，労働者の就業環境にも差異を及ぼす。いずれの類型のスタジオに所属する労働者であっても，フリーランサーとして就業する者が多い。労働者の従事する職種では，対日取引スタジオの場合，特定の生産部門に専従する傾向があり，複数の職種を兼担する者は少ない。一方で対欧米取引スタジオの場合，複数の職種を兼担する者が多い。このような従事する職種の数の違いは，主要取引先から受注する仕事の違いによる。日本のスタジオからは，動画や仕上げを中心として，短納期ながらも生産量を求められる。そのため，労働者を特定の職種に専従させることで，この要求に応えている。一方で，欧米企業からは製品の一貫生産を求められる。そこで，主要な労働者に複数の職種を担わせることで，製品全体の統一感を維持している。

労働者がソウルで働き続ける理由を尋ねたところ，いずれの類型のスタジオに所属する労働者であっても，スタジオが多く立地することとともに，ともに仕事をしたい労働者がいることや，仕事仲間がいることなど，労働者間のつながりを挙げている。労働者は，就業の不安定性を回避するため，日本の事例と同様に，労働者のネットワークを通して，技術習得や仕事を獲得している。

3）中国アニメ産業の集積構造

中国のアニメ制作の歴史は1920年代にまで遡るが，現在のアニメ産業は，1990年代以降に日本や欧米のアニメ産業の動画，仕上げ工程を下請けすることで発展してきた。その点では韓国との間に共通性がみられる。しかし，産業振興や産業配置に対する国家の主導性，国内市場の規模および国際分業の中で担う役割の違いなどにより，韓国とは異なった集積の構造が存在する。

2006年の中国における省・特別市・自治区別の放送事業体収入をみると，上海における総収入額は84億9,823万8千元と，対全国比で21.9%を占めている。次位の国家広播電影電視総局直属組織の収入額（40億9,506万2,000元）との間には，2倍以上の開きがある。放送事業体の利益についてみても，上海市の9億3,706万1千元は，対全国比で26.5%にあたる。また，比較的規模の大きな省級テレビ局におけるアニメ放送本数をみると，上海では年間916シリーズが放送されている。これは，全国の同級テレビ局（計2,565シリーズ）の中では群を抜いて多い。このように，上海におけるアニメ市場の規模は大きい（山本, 2009）。

他方で，アニメ産業の主たる市場は海外にあり，国内市場に流通している製品の多くも海外由来である。そのため中国政府は，アニメ放送に関する放送規制や産業誘致などをして，国内製品の保護と市場開拓を進めている。

中国国内のアニメスタジオの立地をみると，北京（39件），上海（27件），広州（27件）をはじめとして，大都市地域に多くが立地していることがわかる（図3–3）。とりわけ，上海市およびその周辺地域への集積が顕著である。

上海市にあるアニメスタジオは，都心部を中心に，市内に広く立地している。都心部には，中国のアニメ産業をけん引してきた上海美術電影制片廠や，過去には台湾独資による中国国内初の海外下請けを専門としたスタジオが立地した。また，上海と並んで日本のスタジオからの仕事の受け皿となっている無錫市にあるスタジオの立地をみると，大部分が市中心部より5 kmの範囲内に分布している。

表3–3は，調査協力スタジオの設立経緯別類型と，立地都市選択の理由を示している。上海や無錫に立地するスタジオの中には，海外企業の投資により設立されたものや海外企業の下請けを目的に設立されたものがある。これら海外企業と関係の深いスタジオでは，技術力をもった労働者の存在や国際空港へのアクセスの良さが立地都市選択の理由となっている。また，上海に立地するスタジオの中には，国内市場向け製品を生産するものがあり，それらは顧客とな

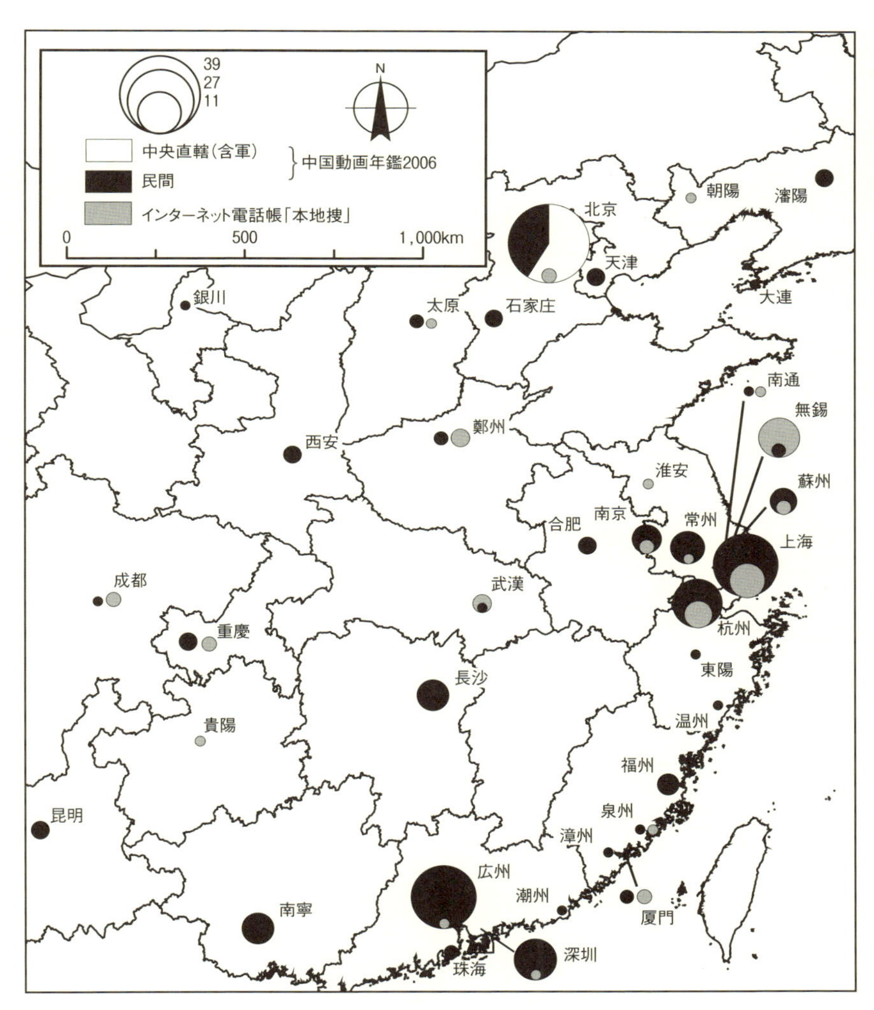

図 3–3　中国におけるアニメ制作組織の立地
（山本（2009）より引用）

る国内関連コンテンツ産業との近接性を求めて上海を選択している。無錫に立地するスタジオでは，安価で大量な労働力の存在のほか，無錫政府による免税措置や深夜労働の黙認などを立地理由として挙げたものもいる。

同業他社との取引関係をみると，上海のスタジオでは規模の小さなスタジオ

表 3-3　上海地域における調査対象スタジオの設立経緯と立地都市選択理由

都市	企業	設立年	経緯	選択理由
上海	A	1957	国	映画産業の設備利用による投資の抑制，映画市場との相乗効果を期待。
	B	*	下	労働力が豊富。国際空港へのアクセスが良かった。
	C	1994	外（米）	高い技術を有した労働力を大量に確保できた。
	D	1998	下	労働力が豊富。国際空港へのアクセスが良かった。
	E	1998	独（E）	技術力をもった人材が豊富で，仕事をしやすかった。
	F	1998	外（台）	労働力が豊富。最も経済発展をしていて活気があった。
	G	2001	独	労働者の文化レベルが高い。能力のある労働者を確保できた。
	H	2003	独（A）	アニメーション産業の発祥地であり，当該産業が発達。洗練された文化。
	I	2004	進	同業他社との近接性。交通アクセスが良かった。
	J	2006	独	アニメーション産業の発祥地であり，当該産業が発達していた。
無錫	K	2001	外（日）	国際空港を利用できた。関連産業企業との近接性。
	L	2002	外（日）	国際空港を利用できた。優遇政策があった。上海と比較して安価な労働賃金。
	M	2005	独	国際空港を利用できた。上海と比較して労働に関する規制が緩やか。創設者の人脈を利用した人材集めができた。上海と比較して安価な労働賃金。

（山本（2009）をもとに作成）

注：設立年は立地都市における設立年を示す。B スタジオの設立年「＊」は「1970 年代末」を示す。経緯は設立経緯を示し，国 = 国営企業からの改組，下 = 海外制作企業の下請けを目的として設立，外 = 括弧内外国企業の進出，または投資，独 = 括弧内企業からの独立，進 = 他分野からの事業拡大を示す。略国名は，日 = 日本，米 = アメリカ合衆国，台 = 台湾を示す。

を中心として，労働力補完，技術補完を目的に，親スタジオや仲間のスタジオなど，関係の近しいスタジオとの間で分業している。これら近しい関係にあるスタジオとは，経営者どうしが旧知であり，相手の技術力や生産量，仕事の仕方などについて互いに熟知している。他方で無錫のスタジオは，日本のスタジオの仕事に専従しており，同業他社間の取引はみられない。

上海と無錫における当該産業の労働市場に注目すると，雇用形態は原則として 1 年から 3 年を期間とした契約雇用制度である[12)]。労働者の中には，わずかながら，フリーランサーとして働く労働者もいるが，多くがこの契約制の下に

12）2007 年に実施した，上海労働者 58 人，無錫労働者 53 人を対象としたアンケート調査の結果による。詳細は山本（2009）を参照のこと。

ある。フリーランサーとして雇用されることが多い日本や韓国の場合と比較して，労働者の雇用状態は安定している。また給与額は，調査時点（2007年）で各都市の一般労働者の平均年収よりも多い。ただし，給与形態については，完全出来高給や歩合給が多く，労働者が不安定な収入状態にあることは日本や韓国と同様である。

労働者の職種をみると，上海のスタジオ労働者は，プロダクション部門のみならず，プリプロ部門を担う者や複数の職種を兼担する者がいる。一方で無錫のスタジオの労働者は，動画や仕上げといった特定の工程に専従する。このような労働者の担う職種の違いは，両都市スタジオの担う業務の違いに由来する。上海スタジオの場合，海外下請の他に，国内市場向け自社製品を生産するところがある。また，同業他社との間には労働力と技術について補完的な取引関係を構築しているところがある。これらのスタジオは，生産部門のみならず，創造部門を担う労働者を自社に有することで，受注できる仕事の幅を広げることができる。他方，無錫スタジオの業務は日本のスタジオから受注する生産工程に特化している。労働者の職種構成についても，所属するスタジオの業務内容を反映したものとなっている。

労働者の社会関係に目を向けると，上海と無錫のいずれでも，技術習得機会としての先輩労働者による指導や仲間どうしの勉強会などがおもな回答であった。また，労働者間の紹介によって仕事を獲得している姿も半数以上の労働者で認められる。労働者が上海や無錫で仕事を続ける理由として，多くのスタジオが立地することとともに，仕事仲間が多いことや一緒に仕事をしたい人がいるといった，労働者間のつながりを意識した回答がみられる。当地のアニメ産業労働者においても，東京やソウルと同様に，労働者間のネットワークが労働者の当地での活動を支える要因の一つとなっていることがわかる。

このように，上海地域でのスタジオの集積は，海外企業との時間的近接性，関連産業の存在，同業他社の存在，専門的な技術をもった労働者の存在が要因として挙げられる。加えて，無錫においては，政策的支援の存在が挙げられる。

4 アニメ産業の集積と分業構造

本章では，アニメ産業の大都市集積について，企業間取引および労働市場の特性から紹介した。

日本のアニメスタジオの多くは東京に立地する。それらのスタジオは，分業関係を発達させることで，生産量を確保してきた。この分業関係は，東京に立地するスタジオ間のみならず，韓国や中国のスタジオにも及ぶ。これら近隣国でも，アニメスタジオはソウルや上海といった大都市地域に集積している。

分業先に形成される産業構造は，ある点においては主要取引先の産業構造の影響を受け，またある点においては国内市場などの影響を受けている。しかしながら，いずれの国でも，スタジオの立地は，関連コンテンツ産業，同業他社，労働者の存在によって，大都市地域に集積している。

他方で，これらの分業関係は，各国の経済発展や国内市場の動向変化により変化しつつある。近年の韓国国内市場の成長や中国での労働費の上昇は，それら国々の下請け構造からの自立を進めている。コストパフォーマンスを考慮すれば，日本アニメ産業は，新たな分業先を探さなければならない。ただし，デジタル化が進んでいるとはいえ，日本のアニメ生産様式は未だ半製品の物理的な輸送が不可欠であることを勘案すると，そのような新たな分業先は，輸送に要する時間的制約から，近隣国の大都市地域に限られることになるだろう。

【文　献】

小長谷一之・富沢木実（1999）．マルチメディア都市の戦略　東洋経済新報社

日本動画協会（2012）．アニメ産業レポート 2012　日本動画協会

半澤誠司（2001）．東京におけるアニメーション産業集積の構造と変容　経済地理学年報 **47**, 288–302.

山本健太（2007）．東京におけるアニメーション産業の集積メカニズム―企業間取引と労働市場に着目して　地理学評論 **80**, 442–458.

山本健太（2008）．ソウルにおけるアニメーション産業の集積と特質―国際分業および労働市場に着目して　季刊地理 **60**, 106–185.

山本健太（2009）．上海地域におけるアニメーション産業の集積構造―海外依存型企業の事例を中心に　地理科学 **64**, 228–249.

山本健太（2012）．アニメーション産業の分業関係と地域政策　伊東維年・柳井雅也

［編著］産業集積の変貌と地域政策—グローカル時代の地域産業研究　ミネルヴァ書房, pp.195–215.

Yamamoto, K. (2014). *The agglomeration of the animation industry in East Asia.* Tokyo: Springer.

第4章
地方におけるアニメ産業振興の可能性

アニメ産業は，国内需要の高まりとともに，生産量を増加させてきた。第3章でみたように，韓国や中国などの近隣国の安価な労働力が，それを支えてきた。他方で近年では，これら近隣国の政策や国内市場が変化し，日本とこれら近隣諸国アニメ産業との関係も変質しつつある。一方で，日本の地方自治体の中には，本書の中でも紹介されているように，コンテンツによる地域振興に高い期待を抱き，積極的な姿勢を示すものも現れている。それら自治体の中には，コンテンツ産業の誘致や育成，地域からの発信といった生産の側面に注目し産業振興策を実行するものもある。日本のアニメ産業は，産業集積内での分業関係を基盤に発展してきた。アニメ産業の集積がみられない地方で「アニメを作る」ことはできるのだろうか。それは，地域経済にどのような波及効果を及ぼすものなのだろうか。日本の地方におけるアニメ産業振興の可能性を議論するために，沖縄県の事例を紹介したい。

沖縄スタジオでの原画作業の様子

1 分業構造の環境変化

1）分業先地域の市場変化

第3章で示しているように，アニメ産業は国内需要を支えるために，韓国，中国をはじめとした近隣諸国との間で分業関係を発展させてきた。生産の分業先となるのは，半製品の輸送や人材獲得などの点で優位性のある大都市やその近隣地域である（Yamamoto, 2014）。一方で，日本の下請け基地としての役割を担っていた韓国や中国のアニメ産業との分業関係は，各国アニメ産業を囲む経済的，政治的環境の影響を受け，常に変化している。韓国は政府による政策的支援の結果，近年では，海外からの下請け制作が縮小する一方，国内市場向け製品の開発と生産が伸長している。また中国テレビ市場では，ゴールデンタイムの海外製品の締め出しによって，国内製品需要が高まりをみせている（山本, 2012）。

他方，日本においても，地方自治体の中には，コンテンツ産業の誘致や育成，地域からの発信，さらには，それらコンテンツの消費者による地域観光や，地域間交流人口の増加を目的とした産業振興策を実行するものもある（増淵, 2010；山村, 2011 など）。第6章でも触れられているように，アニメ産業においても，いわゆる「聖地巡礼」に代表されるアニメツーリズムが注目を集めている。このような国内外の状況変化を受けて，日本のアニメスタジオの中には，日本国内の地方都市にプロダクション部門を設立するところが現れつつある。

以上を鑑み，本章では地方におけるアニメ産業振興の可能性を示したい。地方でアニメ産業を振興しようとした場合，どのような方策が必要なのだろうか。一般に，アニメを含めたコンテンツ産業では，創造的な人材が東京へ流出していく地方都市では，創造的な人材が活躍できる場を提供することが不可欠であるといわれる（増淵, 2005；2007）。近年の情報化にともなう製品流通の構造変化により，地方でも当該産業の育成が可能である。それら地方では，産業育成の基盤として，政策的支援や生産物の発表機会の提供などによる雇用機会の創出と，人的ネットワークが重要なのである。

本章では，ある東京のアニメスタジオ（以下，東京スタジオ）による沖縄への関連スタジオ（以下，沖縄スタジオ）設立と，これらスタジオにおける労働者のスタジオ滞在状況の違いに着目する。その理由は，一つには生産過程での輸送とコミュニケーションのデジタル化が進展する中で，東京と沖縄という遠隔地間でどのように意思疎通が図られ，製品が生産されるのか，その実態を示すことができるからである。いま一つには，そのような生産過程において，地方での産業振興政策がどのような影響を与えるのか検討することができるからである。

2）調査対象の概要

東京スタジオは1986年に設立され，調査時点（2009年）の従業員数は36人である[1)]。また沖縄スタジオは，2009年に設立され，調査時点（2011年）の従業員数は26人である。

調査期間は，東京スタジオが2009年12月15日から17日の3日間，沖縄スタジオが2011年1月5日から8日のうち連続する3日間である。調査方法は，回答者の基本属性をとらえるためのアンケート調査と，労働者のスタジオ滞在状況を尋ねる日行動調査である。アンケート調査票の項目は，これまでの筆者の調査に従って，給与形態，最終学歴，職歴などから構成される。また日行動調査については，荒井ほか（1996）が日本の地方都市郊外に居住する既婚女性のデイリーアクティビティ調査に用いた手法を参考にした。以上の調査について，東京スタジオ労働者10人，沖縄スタジオ労働者9人から協力が得られた。また，調査結果を補足するため，2011年10月，2012年9月から2013年2月にかけて，関係者への聞き取り調査を行った。

なお，東京スタジオと沖縄スタジオの調査日に1年以上の開きがある。また，東京スタジオの調査結果は，本調査が対象とする製品の生産期間ではない。しかし，聞き取り調査からは，その調査結果が東京スタジオの日常的な活動状況の特徴をよく示していることが指摘された。また，沖縄スタジオに所属する3人については1日から2日間分の回答しか得られなかった。しかし，当該産業を含め，この種の仕事に従事する末端労働者の日々の活動実態を示すデータは

1）東京スタジオは，「元請け」（山本，2007）スタジオであり，アニメ生産において，特定工程の下請けのほか，アニメシリーズの企画や，グロス請けといわれる受注もする。

管見の限りない。よって，これらのデータは希少性が高く，当該産業労働者の活動実態を示す上で有益な情報が得られるものであり，分析の対象とした。

2 沖縄県のアニメ産業育成政策とスタジオの設立

沖縄スタジオの設立においては，出資者である東京スタジオと，立地場所である沖縄県の双方にスタジオ設立を促す理由が存在した。そこで山本（2012）の記述に従い，沖縄スタジオ設立の経緯について紹介する[2)]。

東京スタジオは，国内市場におけるアニメ需要の増加と，末端工程（動画，仕上げ）における生産コストの削減を目的として，2001年に中国・無錫に関連スタジオ（以下，中国スタジオ）を設立した。設立当初は，中国スタジオを活用した生産下請けの拡大や自社オリジナル製品の開発を推進した。

しかし，無錫での労働賃金の上昇や技術力の伸び悩みといった問題が生じるようになった。沖縄スタジオ設立時点（2009年）における中国スタジオの動画・仕上げ単価（動画1枚当たり）は，設立時と比較して1.5倍になっていた。また，商習慣の違いから，中国スタジオ経営者との間に国際訴訟も生じていた。

他方，1997年以降増加を続けていたアニメの国内需要は，2006年をピークに減少に転じた（図4-1）。これを主導したのは，テレビ市場における深夜枠帯アニメの減少である（図4-2）。東京スタジオは元請けとしての機能を有しながらも，日常的には仲間のスタジオからのグロス請けをしており，下請けの仕事が減少しつつあった。そのような状況にあって，中国スタジオを有し続けることが東京スタジオの経営上問題になりつつあった。

一方で沖縄県では，雇用対策事業が積極的に展開されており，沖縄県には，新たな雇用を創出したいという強い意向があった。そこで東京スタジオは，沖縄スタジオの運営に「沖縄県観光農商工連携強化モデル事業」（以下，モデル事業）を利用することとなった。この事業は，厚生労働省による緊急雇用対策事業の一環として沖縄県が2010年度に実施したもので，沖縄県内での産業連携による新産業と新規雇用の創出を目指したものであった。委託事業者は県外旅

2）詳細については，山本（2012）におけるB社事例を参照のこと。

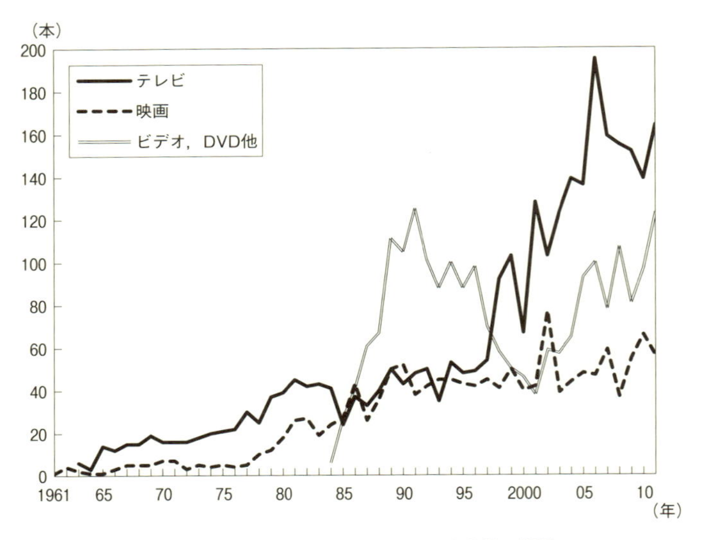

図 4-1　アニメのメディア別新規放映本数の推移

（山本（2012），『アニメージュ』第 405 号，日本動画協会「日本のアニメ業界・アニメ市場の近年の動向　2012 年版」より作成）

注：テレビ新規放映本数については，日本動画協会資料を参照した。参照資料，集計方法の違いから，山本（2012）の新規放映本数とは異なる。

行代理店，地元広告代理店，地元ダンススクール，沖縄スタジオの 4 事業体が公募により選出された。総事業費は約 1 億 8,000 万円であり，このうち沖縄スタジオには約 3,800 万円が割り当てられた[3)]。沖縄スタジオは，立地自治体であるうるま市のインキュベーター施設に入居した。詳細な金額は不明ながら，沖縄スタジオ経営者によると，当該施設 2 階部分のおよそ 2/3 を格安で借り受けることができたという。

このような背景から，沖縄スタジオは当地での雇用創出とともに，地域の産業群との連携を求められた。沖縄スタジオは，アニメを生産し，当該プロジェクトの成果として 2011 年 3 月 21 日に琉球毎日放送にて放送した。番組は，アニメ本編のほか，メイキング映像などを加えた特別編成であった。

3）およそ 3,800 万円のうち半額以上が現地雇用した労働者の給与に，残りをアニメ生産にかかる費用に充てた。

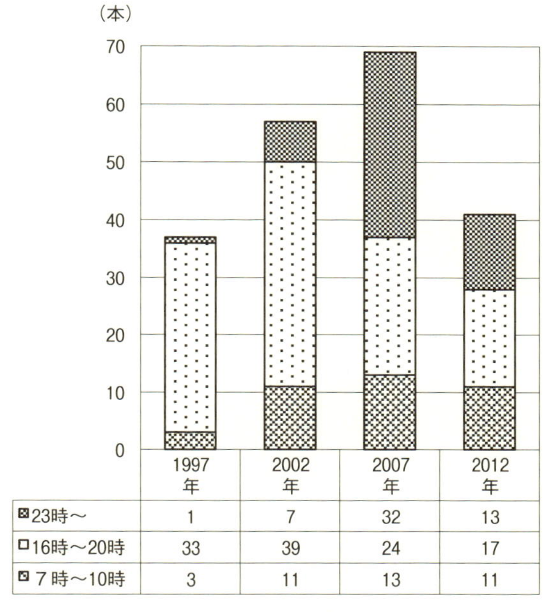

	1997年	2002年	2007年	2012年
23時～	1	7	32	13
16時～20時	33	39	24	17
7時～10時	3	11	13	11

図 4–2　1997，2002，2007 年，2012 年各 2 月期の放送時間枠別アニメ放映数

（山本（2012），『アニメージュ』第 405 号により作成）

注：時間区分は日本動画協会資料に準ずる。放送区分時間外のアニメは除外した。

図 4–3 は，そのアニメのモデルとなった地域を示している。およそ 25 分のアニメで描かれるのは架空の街である。その街は，沖縄本島南部を中心に，いくつかの場所をモデルにしている。作品の舞台となった場所には多くのアニメファンが訪れる可能性がある。沖縄スタジオは，このような観光産業と連携可能な装置を製品の中に組み込んだ。

また，アニメに登場するキャラクターを観光雑誌やパンフレット，沖縄県の広報誌に提供したり，地元コンビニエンスストアの CM キャラクターとして提供したりするなど，地域の産業群との連携を積極的に推進した。

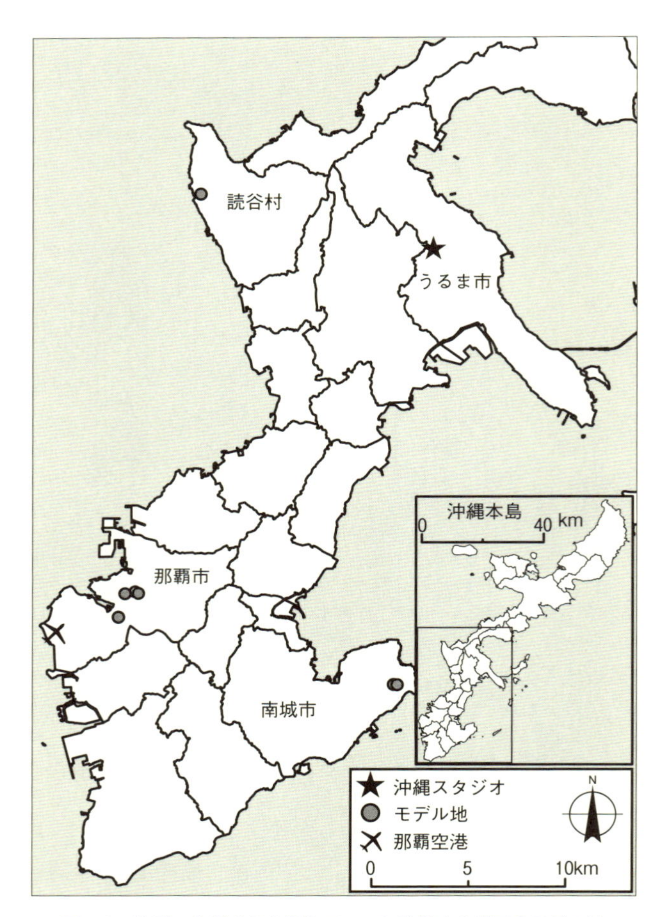

図 4-3　沖縄スタジオの位置とアニメに登場する場面のモデル地
（聞き取り調査により作成）

3　労働者の活動状況

1）スタジオ労働者の基本属性

沖縄スタジオは，その設立の経緯から，労働者の多くを現地で獲得した。調査時点の構成員数は26人であり，そのうち10人がモデル事業による新規現地雇用である。

表 4-1　労働者の基本属性

スタジオ	ID	職　種	最終学歴	勤続年数	出身地	月収（万円）
東京	t1	動画	専門	7	長野	15
	t2	動画	高校	1	東京	11
	t3	動画	大学	1	東京	7
	t4	動画	専門	1	埼玉	5
	t5	動画	高校	1	神奈川	3
	t6	制作	専門	6	兵庫	19
	t7	制作	大学	5	千葉	19
	t8	制作	大学	3	香川	20
	t9	制作	専門	3	東京	19
	t10	制作	専門	1	千葉	18
沖縄	o1	動画/仕上げ	専門	2	沖縄	9
	o2	動画	専門	1	沖縄	8
	o3	動画	高校	0	沖縄	0
	o4	仕上げ	高校	0	大阪	9
	o5	動画	専門	1	沖縄	10
	o6	動画	専門	1	沖縄	13
	o7	仕上げ	大学	1	沖縄	9
	o8	仕上げ	中学	2	沖縄	10
	o9	撮影	—	—	—	—

（アンケート調査により作成）
注：学歴は最終学歴を示す。「専門」は専門学校卒を示す。勤続年数は年目を示す。o3，o4 は本来であれば１年目と表記すべきであるが，アンケートの回答結果に従って０としている。

表 4-1 は，調査協力の得られた労働者の基本属性をまとめたものである。職種をみると，東京スタジオの回答者 10 人の内訳は，「動画」５人，「制作」５人である。「制作」はアニメの生産において，スケジュール管理，半製品の輸送などを担当する部門である。また沖縄スタジオの回答者９人の内訳は，「動画」５人（うち，「仕上げ」との兼担１人），「仕上げ」３人，「撮影」１人である。

東京スタジオのプロダクション部門労働者（「動画」）の雇用形態は５人中４人がフリーランスであり，この４人の給与形態はいずれも完全出来高給である[4)]。また，管理部門労働者（「制作」）については，いずれも正規雇用，固定給である。プロダクション部門におけるフリーランスという雇用形態，完全出来高給という給与形態が多いことについては，山本（2007）においても同様に指摘されており，プロダクション部門労働者の一般的な状態とみることができる。

他方で，沖縄スタジオ労働者の雇用形態は契約社員であり，給与形態は歩合給である。沖縄スタジオはモデル事業期間中には，当該事業への専従義務があった。事業遂行に必要な労働力量の予測はある程度可能であった。また，当該事業は1年間という時限が設けられており，その期間を超えて労働者を正規雇用し続けることは，沖縄スタジオの経営上困難であった。そこで沖縄スタジオでは，労働者を単年度契約によって雇用した。

東京スタジオ労働者の最終学歴をみると，専門学校出身者が10人中5人と，半数を占める。沖縄スタジオ労働者の最終学歴をみても，専門学校出身者が9人中4人いる。労働者の学歴に関しては，東京と沖縄のいずれにおいても専門学校出身者が少なからずいる。このことから，労働者は当該産業参入以前に基礎的な技術を習得していることが推察される。

その一方で，東京と沖縄ではそのような専門技術を有する労働者の就業機会は異なる。東京の場合，多くのアニメスタジオが立地し，労働者は就業のチャンスに恵まれる。東京のアニメ産業に従事する労働者は，立地するアニメスタジオと就業機会の豊富さを東京で働き続ける理由の一つとしている（山本，2007）。

他方で沖縄では，アニメスタジオの集積はなく，当該産業に特化した技術を有する労働者が，習得した技術を活かす職場をみつけることは困難である。沖縄スタジオの労働者が，アニメ産業に従事した理由を尋ねたところ（複数回答），「アニメを見るのが好きだった」（7人）や「自分の技術を活かせる」（5人）といった回答が多かった。また，「容易に就職できた」（2人）や「就職先がなかった」（1人）といった回答も挙がった。これらのことからも，沖縄スタジオは，専門的な技術を有する労働者にとって，自身の技術を発揮するための重要な就

4）固定給の1人は，動画部門の長として，動画の品質管理や新人の指導に当たっているベテラン労働者である。東京スタジオでは，この労働者を正社員として雇用するなどの優遇措置をとることで，この労働者が他のスタジオに転出することを抑制している。

業場所となったことがわかる。

2）スタジオにおける労働者の就業状況

図 4–4 は，東京スタジオと沖縄スタジオにおける労働者の滞在状況を示したものである。東京スタジオの「動画」労働者の行動をみると，調査初日（2009 年 12 月 15 日）に帰宅して以降は，昼夜を問わず多くの時間をスタジオで過ごしている。食事については，スタジオ近くのスーパーマーケットに行き，数食分を買いだめしたものを食べている。

この期間中（12 月 15–18 日）には，スタジオの受注した製品の修正作業があり，昼夜を徹して作業をする必要があった。動画部門の現場監督を勤める労働者 t1 によると，東京スタジオでは，このような修正作業は 4–6 週間に 1 回ある。また，修正作業のない時でも，労働者は昼夜を問わずスタジオに出入りしているという。

また，「制作」労働者をみると，19 時前後に出社し，その後，数度外出し，朝方に帰宅するか，そのままスタジオに滞在している。この数度の外出の目的は，多くが取引先スタジオやスタジオ外の労働者との打ち合わせや半製品の輸送である。「制作」労働者がこのような夕方から朝の時間帯に活動する理由として，他のスタジオも同じ時間帯で活動していること，移動は自動車であるが，この時間帯は交通量が少なく，スムーズに移動できることが挙げられる[5)]。

他方，沖縄スタジオ労働者のスタジオ滞在状況をみると，11 時前後に出社，20 時前後に帰宅する者が多い。また，就業中のスタジオ外への移動はみられない。スタジオの徒歩圏内には飲食店や小売店がない。そこで食事については，スタジオの入居する施設入口へ移動販売に来る弁当屋から購入するか，自宅から弁当を持参していた。

このような，東京スタジオと沖縄スタジオにおける労働者の勤務時間の違いは，スタジオの有する部門構成の違いに由来するものだけではない。沖縄スタジオにおける労働者の就業時間が日中である背景には，沖縄スタジオ設立の経

5）東京スタジオ労働者の活動状況の詳細は，Yamamoto（2014）Chapter 5 を参照のこと。

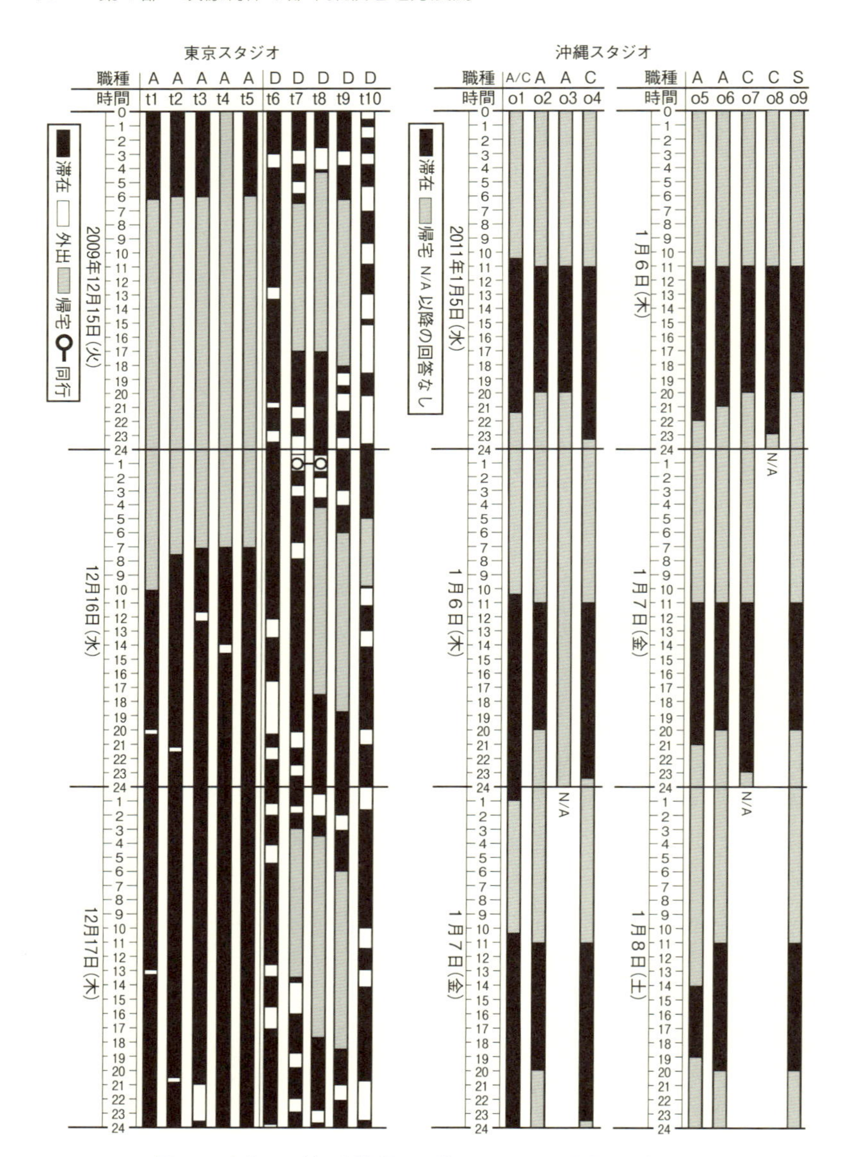

図 4-4　東京スタジオと沖縄スタジオにおける労働者の滞在状況

（日行動調査により作成）

注：図中「A」は動画，「C」は仕上げ，「D」は制作進行，「S」は撮影を示す。

緯が関係する。当該スタジオの運営に公的支援，特に雇用創出事業が関係しており，労働環境について「健全さ」が求められたのである。

沖縄スタジオで現場指揮にあたったプロデューサーによれば，労働者の勤務時間について，基本的にはフレックスタイム制であるとしながらも，20時以降の就業は原則として認めなかった。また20時以降に勤務する必要がある場合には，残業として扱った。調査票には，1日8時間以上の労働時間かつ20時以降まで勤務している労働者がいるが，それらの労働者は，調査票に「残業」と明記したり，複数日の中で合計就業時間を調整したりしていた。

3）アニメ生産における分業関係の限界

表4–2は，沖縄スタジオが制作し，2011年3月に沖縄県下で放送したアニメのスタッフリストを活動地域別にまとめたものである。なお，この表のスタッフ数には，活動体に所属しない個人（フリーランサー）が含まれている。

表4–2　沖縄スタジオ生産アニメの活動地域別スタッフ数

職　種	東　京	沖　縄	中　国	その他
プロデューサー	3	1		
企　画		12		
脚　本	1			
監　督		1		
原　画	19	1	不明	3
動　画	2	9	不明	
仕上げ		4		
美　術	11			
音　響	4			
声　優	2	10		
撮　影	6			
編　集	3			
録　音	2			
制　作	5	5		
活動体数	18	2	1	1

（沖縄スタジオ生産アニメのスタッフロールおよび聞き取り調査により作成）
注：活動体数は組織に所属する労働者の所属機関・スタジオの数を示す。

「企画」は沖縄県知事や県庁産業政策課など，県庁職員が担当している。「監督」は本製品生産のために，東京から沖縄に移住した労働者である。「声優」は東京で活動するプロ声優２人を除いて，沖縄県内から公募によって選出された。実際に制作スケジュールの調整と受発注を担当する「制作」の一部，「原画」「美術」などのプロダクション部門，「編集」「音響」などのポスプロ部門は，東京を活動の場とする労働者によって担われたことがわかる[6)]。

「動画」「仕上げ」には，沖縄スタジオに所属する労働者が多い。しかし，沖縄スタジオの動画，仕上げ生産能力は日産60枚程度であり，沖縄スタジオのみで当該製品に必要な生産量を賄うことは困難であった。そこで動画，仕上げ工程については，東京スタジオの関連スタジオである中国スタジオが主として担当した[7)]。なお，沖縄スタジオの生産量は少ないとはいえ，東京スタジオとの間には半製品の受け渡しが不可避であった。これは，宅急便とインターネット通信により達成された[8)]。

こうした状況について，当該製品のスケジュール管理を担当した東京スタジオの労働者は次のように説明した。勤務時間の違いによる電話連絡の困難さと沖縄スタジオ労働者の勤務時間の短さに言及し，生産スケジュールの変更に柔軟な対応をするためには，半製品を自動車ですぐに搬入できる東京の協力スタジオや，短時間で生産量を確保できる中国スタジオに発注しなければならなかった。

技術蓄積，設備の蓄積が十分ではない沖縄スタジオにとって，設立からわずか１年半でテレビアニメ１話を完成させるためには，同業他社との分業が不可欠であった。沖縄スタジオの周囲にアニメ産業の集積はなく，東京スタジオと連携する必要があった。しかし，両スタジオ労働者の勤務時間の違いから，両スタジオの担当者が頻繁なコミュニケーションをとることは容易でなかった。

6）活動地域について「その他」と回答した３人について，２人が静岡で活動するフリーランサー，１人が京都のスタジオ所属であった。

7）中国スタジオの労働者数は不明ながら，動画，仕上げの生産能力は調査時点で日産900枚であった。

8）半製品の電送は，おもに彩色済みの動画を対象として，File Transfer Protocol（FTP）通信を用いた。

4　産業振興策の効果と課題

本事例は，継続的なコンテンツの創出という点においては，十分な成果を出したとは言いがたい。沖縄スタジオを対象としたモデル事業は行政によるものであり，労働環境や人材育成期間などの点で，事業への専従義務や「健全」な就業環境などの制約が設けられた。

アニメ産業のプロダクション部門労働者は専門的な技術を必要とするが，そのような人材を一朝一夕に育てることは難しい。本章で取り上げた沖縄スタジオは設立から日が浅く，スタジオの周囲にはアニメスタジオはおろか，経験豊富で高度な技術をもった労働者の集積はなかった。また支援政策は時限つきであり，その間に人材の育成からアニメの生産，放送まで達成することは，沖縄スタジオにとって容易ではなかった。加えて，東京スタジオと沖縄スタジオでの労働者の就業時間帯には大きな差異があり，製品生産の過程で不可欠な両スタジオ担当者間の対面接触や電話による意思疎通といった同期的なコミュニケーションが困難であった。

結果として，アニメ生産の大部分を担ったのは，技術蓄積と生産力の乏しい沖縄スタジオではなく，これまで多くのアニメを作り続けてきた東京スタジオと，東京スタジオの有する取引ネットワークであった。

これらの点から，地方においてアニメ産業を振興するためには，電子メールによるコミュニケーションやインターネット経由での半製品の電送を可能にする通信インフラの整備はもとより，協働関係にある生産者間の円滑なコミュニケーションを可能にするための雇用形態や就業時間等の労働環境の整備も重要な課題であることがわかる。

他方で，本事例で紹介した政策は，アニメ産業の集積がみられない地域へ新規参入する東京スタジオにとって，労働市場の新規開拓や設備投資などにかかるコストを抑制できるという点で重要な意味をもつものであった。

また当該政策は，地方における雇用創出という点においても，一定の成果を得た。沖縄スタジオ労働者の中には，専門学校を卒業したものが少なからずいた。そのような労働者にとって，沖縄スタジオの存在は，自身の技術を発揮できる貴重な場であった。すなわち，沖縄に住み，基礎的な技術を有しながらもアニメ産業への就業機会に恵まれなかった労働者を，沖縄スタジオは発掘したのである。

このように発掘された人材は，今後，アニメ産業を当地に定着させる上で重要な資源となりうる。沖縄スタジオは，事業終了後の資金繰りの悪化に伴い，2011年に解散した。しかし，沖縄スタジオに所属した労働者と東京のプロデューサーを中心として，2012年12月に新たなアニメスタジオが当地に設立された。このように，モデル事業によって蒔かれた種が芽吹きつつある。

【文　献】

荒井良雄・神谷浩夫・岡本耕平・川口太郎（1996）．都市の空間と時間―生活活動の時間地理学　古今書院

一般社団法人日本動画協会データベースワーキンググループ（2012）．日本のアニメ業界・アニメ市場の近年の動向2012年版　アニメ産業レポート2012　一般社団法人日本動画協会

増淵敏之（2005）．インディーズ音楽産業の創造現場―国内地域での産業化の可能性　文化経済学 **4**(3), 19–29.

増淵敏之（2007）．コンテンツ産業としての放送メディア地域戦略―創造都市論を背景に　日本都市学会年報 **40**, 34–43.

増淵敏之（2010）．物語を旅するひとびと―コンテンツ・ツーリズムとは何か　彩流社

山村高淑（2011）．アニメ・マンガで地域振興―まちのファンを生むコンテンツツーリズム開発法　東京法令出版

山本健太（2007）．東京におけるアニメーション産業の集積メカニズム―企業間取引と労働市場に着目して　地理学評論 **80**, 442–458.

山本健太（2012）．アニメーション産業の分業関係と地域政策　伊東維年・柳井雅也［編］産業集積の変貌と地域政策―グローカル時代の地域産業研究　ミネルヴァ書房, pp.195–215.

Yamamoto, K. (2014). *The agglomeration of the animation industry in East Asia.* Tokyo: Springer.

第5章 映画産業におけるランナウェイ・プロダクション
インド映画の日本ロケ

映画産業は，先進諸国の大都市への集積がみられる一方で，撮影工程を中心に，国内外への空間的移転（ランナウェイ・プロダクション）も同時に確認できる。この現象については，アメリカ・ハリウッドからアメリカ国内のみならずカナダ・バンクーバーをはじめとする国外諸都市への経済的理由あるいは制作上の理由による移転が報告されてきた。本章では，世界最多の制作本数を誇るインド映画産業を例に，ランナウェイ・プロダクションの実態を明らかにする。本章でとりあげるランナウェイ先は日本であり，インド映画の日本ロケがなぜ，どのように行われているかを詳細に描き出す。これを通じて，映画産業の市場支配力がハリウッドに集中する一方で，ハリウッドとは別にローカルに独立した映画産業が発達する国・地域が存在することと併せて，日本もそうした多核的かつグローバルな映画生産体制の一端を担っている（担いうる）ことを示す。

インド映画の富山ロケ風景
（富山県ロケーションオフィス提供）

1 ランナウェイ・プロダクションとは

序章で述べたように，映画産業は，大都市への集積がみられる一方で，撮影工程を中心に，国内外への空間的移転（ランナウェイ・プロダクション）も同時に確認できる。この現象については，地理学においても，ハリウッドを例とする実証的研究が蓄積されており，その過程や理由，範囲，形態などが検討されてきた。たとえばスコットは，ハリウッドにおけるスタジオ外でのロケを，制作コストを削減するために人件費や物価の安い場所でロケを行う経済的ランナウェイと，内容の真正性を確保するために特定の場所を指定してロケを行う創造的ランナウェイに大別した（Scott, 2002）。またクリストファーソンは，ハリウッド以外でのロケは1980年代から活発化し，1980年代後半にはロケ地が国外にも広がってきたと指摘する（Christopherson, 2006）。さらに彼女は，ロケ地では1980年代なかばまでは組織化されない未熟練労働力が輸送，ケータリング，清掃などのロケ支援サービスを提供したが，1980年代後半からはロケ支援だけでなく録音や編集などのポスト・プロダクションのサービスも提供するようになったことを明らかにした。

ロケ地としての定着・発展は，ロケ地を訪ねる観光客数を増加させる可能性がある。映画の内容や興行成績，知名度などによっては，映画の鑑賞者がロケ地を実際に訪問し，鑑賞した映画の作品世界を追体験したり，人気俳優などスターの名声を感じたりしようとする観光行動が発生，活発化する。そのため，世界各国の政府や自治体，経済団体などは，映画を国や地域の宣伝手段と捉えて，映画のロケを誘致・支援したり，映画公開後はロケ地への誘客活動を展開したりしている。

このように映画産業においてランナウェイ・プロダクションが進展する中で，日本の諸都市においても，日本映画はもとより外国映画のロケ地となるケースもみられるようになっている。ハリウッド映画を例にとれば，*The Last Samurai*（邦題『ラスト・サムライ』，2003年）では兵庫・姫路が，*Letters from Iwo Jima*（邦題『硫黄島からの手紙』，2006年）では東京・小笠原（硫黄島）がロケ地となった。こうした事実は，日本がグローバルな映画生産体制の一端を担っていることを示すものといえる。

以上を踏まえ，本章では，海外映画のランナウェイ・プロダクション，とりわけ日本における外国映画のロケの実態を示す。本章が取り上げるのは，世界最多の映画生産国であるインドの映画産業である。当該産業は1990年代以降に外国ロケが盛んに行われるようになり，2013年以降に日本ロケの件数が急増した特徴をもつ。以下，まずインド映画産業を概観した上で，日本ロケの展開過程を述べる。その上で，2013年に行われた富山ロケと大阪・神戸ロケの2事例を取り上げ，ロケの誘致および支援の実態を詳述する。

なお，本章執筆に先立ち，資料調査と聞き取り調査を実施した。資料調査では，インド映画産業に関する日本語と英語の資料を収集・整理するとともに，関係するウェブサイトを閲覧した。また聞き取り調査は，2014年1–2月に，日本国内の三つのフィルムコミッションと，インド映画のロケ誘致・支援を行う日本企業2社を対象に実施した。

2　インド映画産業の概観

1）制作・配給システムと空間的特徴

映画産業の市場支配力がハリウッドに集中する一方で，インドは国内人口が多く一定規模の市場を有していることもあって，ハリウッドとは別にローカルに独立した映画産業が発達している。国別映画制作本数（2011年）をみると，インド（1,255本）が第2位のナイジェリア（997本）や第3位のアメリカ合衆国（819本）以下を大きく引き離して首位にある（UNESCO）。

インドで映画産業が盛んな理由として，神話など有名で映画化しやすい物語が豊富にあったこと，伝統的な歌芝居や大衆演劇と映画技術が結びついたこと，インド国民のおもな娯楽として定着したこと，国内に複数の言語が存在して言語圏ごとに多数の映画が制作・消費されてきたことなどを挙げることができる。これらのうち，インドの映画制作本数を押し上げている主因といえるのが，言語圏ごとに多数の映画が制作・消費されてきたことである。2011年に制作された映画（1,255本）の言語別内訳をみると，ヒンディー語映画（206本）が最多で，テルグ語映画（192本）とタミル語映画（185本），カンナダ語映画（138本）などがこれに次ぐ（FILM FEDERATION OF INDIA）。このうちヒンディー語映画はムンバイーで制作され，デリーや北部9州で話されるヒンディー語圏でおもに消費される。一方，タミル語映画はチェンナイで制作され，同市を州都とするタミル・ナードゥ州を中心に消費される。テルグ語映画はハイダラーバードで制作され，同市を州都とするアーンドラ・プラデーシュ州を中心に消費される。

このように，インドでは言語圏ごとに映画文化圏が存在し，それぞれに映画産業の集積地が形成されている。ムンバイーを例にとれば（和田, 2014），市北部にそうした集積地が形成されており，プロデューサーと有名男性俳優が中心となって対面コミュニケーションを通じて企画が立案される。ロケは市北部に集中的に立地するスタジオを中心に行われてきたが，近年はそれらのスタジオの使用スケジュールが過密化してきたことや予算規模が拡大してきたこともあり，多様なロケ地と最新機材などを求めてムンバイーからハイダラーバードへ，さらには外国へとロケ地を拡げている。録音・編集作業は，録音・編集スタジオの立地状況，関係者間の緊密なコミュニケーションおよびフィルム運搬の必要性などから市北部を中心に行われる。しかし近年は，ロケ機能と高度な録音・編集機能を併せ持つスタジオのあるハイダラーバードやIT企業が集積するバンガロールやデリーなどに作業の一部が拡散する傾向も認められる。

制作された映画は各言語圏を中心にインド国内で消費されるとともに，北米やイギリス，ペルシャ湾岸地域，東南アジアなどに輸出され，各国に在住する在外インド人（non resident Indian，以下，NRI）を中心に消費されてきた。1990年代以降，インド映画はテレビやビデオの普及に押されて国内需要が伸び悩む一方，その内容の定型性と娯楽性がNRI以外にも受け入れられ，世界各地に流通するようになった（杉本, 2002）。インド人民党が1998年に映画制作を産業として認め，2000年に映画の輸出税を免除したことも，外国市場への輸出をいっそう促進した（和田, 2014）。こうした後押しを受けて，ヒンディー語映画制作者は，ニューヨークやロンドンなどでの事務所の開設，英語版ウェブサイトの開設，吹き替え版や字幕入り版の制作・配給，映画祭への出品など，NRI以外の者も含めた海外での市場拡大に努めている（Ganti, 2004）。

日本へのインド映画の輸出は他の東アジア諸国と同様に，北米等と比べて活発であるとはいえない。アジア映画をテーマとする映画祭で上映されたり，インド人コミュニティが形成されている地区にビデオ販売店が立地したりするものの（南埜・澤, 2005），作品の劇場公開はきわめて少ない。その中で1998年に劇場公開されたタミル語映画 *MUTHU*（邦題『ムトゥ　踊るマハラジャ』）が大ヒットし，一種の社会現象にまでなった（山下・岡光, 2010）。その後しばらくは *MUTHU* に続くヒットはみられなかったが，2013年に入って日本の映画制作・配給会社がプロデュースした「ボリウッド4」シリーズでヒンディー語映画4作品[1)] が全国主要都市の映画館で上映されるなど，インド映画への関心が再び高まりつつある。

2）外国ロケの増加とその要因

本項では，ガンティ（Ganti, 2004）などの記述に従って，インド映画産業における外国ロケの増加とその要因について記述する。インド映画の外国ロケはカラー映画が普及した1960年代から行われてきた（杉本, 2002）。その後，1990年代以降のインド映画の輸出拡大にともない，輸出先の国や地域に在住するNRIが重要な観客層となると，彼らを意識した作品が数多く制作されるようになった。たとえば，NRIが登場人物として描かれたり，外国が作品舞台として設定されたり，外国ロケがさらに活発に行われるようになった。

こうした外国でのロケや舞台設定の増加は，NRIのみならずインド国内の観客にも喜ばれるものであった。インド国内に在住する多くのインド人にとって映画は最大の娯楽であり，映画を通じて日常生活では経験できない外国の風景や文化を観ることができる。そのためプロデューサーは，次々と新しいロケ地（バージン・ロケーション）の風景や文化を作品中に描き出すことによって，多くの観客を惹きつけ，興行成績を上げようと腐心するようになった。

こうした制作上の理由に加えて，経済的な理由からも外国ロケが増加してきている。そこでは，インドと比較した物価の安さや為替レートの有利さに加えて，ロケの受入国における税金の減免措置や政府等補助金支出の充実がその理由に挙げられる。このうち税金減免や補助金支出といった財政的インセンティ

1）『きっと，うまくいく』『タイガー──伝説のスパイ』『命ある限り』『闇の帝王DON──ベルリン強奪作戦』（いずれも邦題）の4作品。

ブは，インド人旅行者の誘致促進とそれに伴う経済効果の獲得を目指して，各国がその充実度を競っており，インド映画関係者にとってそれがロケ地を決定する主因の一つとなっている。

インド映画の外国ロケ支援を専門とするA社[4]のパンフレットをみると（表5-1），外国のロケ地における制作上の利点として，美しい自然景観，伝統的な文化景観，近代的な都市景観などが挙げられている。なお，雪山の存在が利点の一つとして重視されているが，これはヒマラヤの雪山で行っていた歌と踊りの場面のロケを，ヒマラヤよりも交通利便性が高く，また確実な降雪が期待できる外国の雪山で行うようになったことを示している。経済的利点としては，物価の安さ，有利な為替レート，税金の減免措置，政府等補助金の支出が挙げられている。さらに，出演可能な俳優・ダンサー，有能で経験豊富なスタッフ，充実した機材・設備の存在などもロケ地を決定する際の重要な要素とされている。

3　日本ロケの展開過程

1）2000年代以前

日本ロケが最初に行われたインド映画は，1966年に公開されたヒンディー語映画 *Love in Tokyo* である（表5-2）。この映画は高度経済成長期の日本を舞台としたラブコメディーで，東京オリンピック直後の東京と厳島神社（広島県）でロケが行われ，東京のインド人コミュニティや日本庭園，芸者などが映し出された。

Love in Tokyo に続き，1960年代後半から1970年代前半までに4本のインド映画の日本ロケが行われた。このうち，1973年に公開された *Ulagam Sutrum Valiban* は，日本ロケが行われた初めてのタミル語映画である。この映画は当時のタミル語映画界の人気俳優MGRがみずから監督と主演を務めたもので，日本の他にもシンガポール，バンコク，香港でもロケが行われた。

4）映画ロケの企画・手配とフィルムツーリズム，MICE（国際会議や学会，展示会などのビジネス旅行）などを扱う会社。1991年設立。本社はチェンナイにある。

表 5-1　A 社が宣伝する外国ロケ地の利点（2013 年）

国名	制作上利点									経済的利点				
	美しい自然景観	(雪山の分布)	伝統的な文化景観	近代的な都市景観	特徴的な音楽・舞踊	出演可能な俳優・ダンサー	有能で経験豊富なクルー	充実した設備・機材	撮影条件・規制の柔軟性	物価の安さ	有利な為替レート	税金の減免措置	政府等補助金の支出	撮影地間移動の容易さ
アルゼンチン	○	○					○					○		
アルメニア	○	○				○	○			○				
オーストラリア	○			○			○	○					○	
アゼルバイジャン	○					○	○	○		○				
ブータン	○	○	○											
ブラジル	○			○		○	○	○					○	
中　国	○		○	○										
クロアチア	○		○								○		○	
グルジア	○	○			○									
カザフスタン	○	○	○			○	○	○		○				
キルギスタン	○	○	○											
レバノン	○	○	○											
モーリシャス	○					○		○					○	
メキシコ	○		○				○	○		○			○	
モロッコ	○		○				○							
ニュージーランド	○	○	○				○	○	○	△	○		○	○
ポーランド	○	○	○											
セルビア						○	○	○					○	
スロベニア	○					○	○	○		○				○
スイス	○	○	○						○					
ウクライナ	○		○			○	○			○				
ウズベキスタン	○		○		○					○				

（A 社パンフレットをもとに筆者作成）
注 1）国順はパンフレットへの掲載順（アルファベット順）による。
注 2）ニュージーランドの「物価の安さ」はオーストラリアとの比較に基づく記載のため△とした。

表 5-2　日本で撮影が行われたインド映画（1966-2010 年）

作品名	制作言語	公開年	日本でのおもな撮影地
Love in Tokyo	ヒンディー語	1966 年	東京，広島
Aman	ヒンディー語	1967 年	広島，長崎
Around the World - aka Dunia Ki Sair -	ヒンディー語	1967 年	東京
Aankhen	ヒンディー語	1968 年	東京，鎌倉，日光
Ulagam Sutrum Valiban	タミル語	1973 年	大阪(万博)，東京，鎌倉，山梨
Japanil kalyanaraman	タミル語	1985 年	東京，成田，つくば，熱海
Aakhiri Badra	ヒンディー語	1990 年	東京，横浜
Aye Meri Bekhudi	ヒンディー語	1993 年	名古屋，犬山，半田，岐阜
SAKURA	ヒンディー語	2006 年	愛知・刈谷
Love in Japan	ヒンディー語	2006 年	名古屋
Dance Dance Dance	ヒンディー語	2009 年	横浜，東京，名古屋
The Japanese wife	英　語	2010 年	横浜，つくば

（ポポッポーの別荘ウェブサイトおよび MUNMUN のウェブサイトほかにより筆者作成）

1970 年の日本ロケは開催中の大阪万国博覧会で行われ，太陽の塔を背景に歌と踊りの場面が撮影された。

1970 年代後半以降インド映画の日本ロケ件数が減少するが，2000 年代に入ると，再び増加傾向に転じる。このうち，*Love in Japan* と *SAKURA*，*Dance Dance Dance* の 3 作品は，*Aye Meri Bekhudi* でアクション監督を務めた Akram Shaikh 監督の作品である。彼の妻は愛知県在住の日本人で，夫が監督，妻がプロデューサーとしてこれらの映画の制作と配給に携わった。

以上のように，1960 年代後半から 1970 年代前半には，東京オリンピックや大阪万国博覧会に象徴される日本の経済成長と国際的地位の高まり，それにともなうインド映画界の日本への関心向上を背景に，日本ロケが決定，実行された。また 2000 年代には，NRI が誘致した 1 作品をきっかけに，日本への関心をもつ特定のインド人映画監督がプロデューサー役を務める日本人妻の協力を得て，繰り返し日本ロケをした。

2）2010 年代

外国の映画やテレビ番組の日本ロケを契機とした外国人旅行者誘致事業（観

表 5-3　日本で撮影が行われたインド映画（2013 年）

No	年　月	撮影地	制作言語	制作拠点	協力
1	2013 年 4 月	富山県富山市，射水市，南砥市	タミル語	チェンナイ	B 社
2	2013 年 8 月	大阪市（大阪海遊館他） 神戸市（神戸花鳥園他）	タミル語	チェンナイ	E 社
3	2013 年 9 月	北海道富良野町，洞爺湖町他	テルグ語	ハイダラーバード	E 社
4	2013 年 9 月	東京都	タミル語	チェンナイ	B 社
5	2013 年 11 月	京都市（京都太秦映画村他） 兵庫県淡路市（淡路花さじき）	タミル語	チェンナイ	E 社
6	2013 年 11 月	東京都新宿区（ロボットレストラン） 大阪市，神戸市	ヒンディー語	ムンバイー	E 社
7	2013 年 11 月	神戸市（六甲山），姫路市，奈良市	タミル語	チェンナイ	E 社
8	2013 年 12 月	東京都新宿区（ロボットレストラン） 千葉県袖ケ浦市（東京ドイツ村） 神戸市（神戸花鳥園）	テルグ語	ハイダラーバード	E 社

（B 社および E 社からの聞き取り調査により作成）

光庁）が 2010 年度に開始されると，インドをターゲットとした映画のロケ誘致活動も同年度から本格化し，観光庁と日本政府観光局は 2011 年 2 月にムンバイーとハイダラーバードを，2012 年 2 月にムンバイーを訪問して，インド映画関係者に日本ロケを働きかけた。また，2011 年 8 月と 2013 年 3 月には日本政府観光局がインド映画の監督や俳優を日本に招聘し，ロケ環境を紹介した。2013 年に入ると，国レベルだけでなく自治体レベルでもインド映画のロケ誘致に向けた取組みが行われるようになった。たとえば，大阪府と大阪市などが組織する大阪観光局の傘下にある大阪フィルム・カウンシル[3)] は 2013 年 2 月に職員をムンバイーに派遣し，映画関係者にロケが可能な大阪の名所を宣伝した。

このように，国および自治体によるインド映画のロケ誘致に向けた組織的対応が本格化する中で，2013 年には 8 本のインド映画の日本ロケが行われた（表

3）大阪府と大阪市，大阪商工会議所などが，映像を通じた大阪の知名度向上と集客力の強化，映画関連産業の振興を目的として，2000 年 2 月に「大阪ロケーション・サービス協議会」として設立したフィルムコミッション。2011 年 4 月に「大阪フィルム・カウンシル」に名称変更。

5-3)。その嚆矢は4月に富山ロケが行われたタミル語映画 *Theeya Velai Seiyyanum Kumaru*（邦題『炎の男クマルのように働け』）であり，それに続くのが8月に大阪・神戸ロケが行われたタミル語映画 *Idharkuthane Aasai-pattai Balakumara*（邦題『これが欲しかったんだよね，バーラクマラさん』）である。1966年から2010年までの45年間に日本ロケを行った映画本数が12であったのに対して，2013年の1年間で8件の日本ロケが行われた点は注目に値する。こうした日本ロケ作品数の急増は何に起因するのであろうか。国および自治体レベルのロケ誘致の取組みが功を奏したのであろうか。それとも別の要因が存在するのだろうか。次節では，富山ロケ作品と大阪・神戸ロケ作品の事例分析を通じて，この点を検討する。

4　日本ロケの事例分析

1）富山ロケの事例

2013年に日本で最初にインド映画のロケが行われた場所は富山県である。そのきっかけは，2012年9月に駐日インド大使が富山県知事を表敬訪問した際に，日印交流促進の手段としてインド映画のロケ誘致を提案したことにある。その提案に興味を示した富山県庁に対して，インド大使館はタミル語映画界と太いパイプをもつ日本企業B社を紹介した。

B社はチェンナイに本社をおくインド企業の日本法人であり，2010年に東京都江戸川区で設立された。大手日本企業の情報部門に勤務しインド駐在経験をもつ日本人のC氏と，C氏が担当したインド事業での現地協力企業の担当者であったインド人のD氏が共同で設立した企業で，IT事業（オフショア開発），インドへの投資，インド映画のロケ支援，インド料理レストランの経営をおもな事業内容としている。このD氏は，B社設立以前から在日タミル人コミュニティ Tokyo Tamil Sangam を創立し，同コミュニティが主宰するイベント Tamil New Year Celebration in Tokyo の運営責任者として，タミル語映画の有名俳優を招聘しており，タミル語映画界との関係を深めてきた。

こうした状況の下，B社は富山県からの依頼を受けて，タミル語映画界の有名プロデューサーに富山ロケを提案，交渉した結果，タミル語映画 *Theeya*

図 5-1　富山ロケの様子（富山県ロケーションオフィス提供）

Velai Seiyyanum Kumaru の歌とダンスの場面を富山県で撮影することが決定した。同プロデューサーらが富山ロケを決定した理由として，バージン・ロケーションである日本の風景や文化をインド人が新鮮に感じて観客数増加が期待できること，日本の地方政府からの依頼であること，信頼関係を有するＢ社からの依頼であることが挙げられる。

2013 年３月のプロデューサー１名によるロケハンに続き，同年４月９日から 17 日まで 27 名のロケ隊が富山県を訪れ，五箇山合掌造り集落や立山黒部アルペンルート，富山城，環水公園，富山地方鉄道南富山駅車庫などでロケを行った（図 5-1）。４月にロケが行われた理由は，６月公開に向けた制作スケジュールの都合に加え，桜の咲く風景を背景とした場面を撮影することにあった。なお，施設管理者との事前交渉，ロケ隊の受入・支援は，富山県ロケーションオフィス[4] が担当した。

この映画は 2013 年６月に公開され，インドのタミル・ナードゥ州のほか，アーンドラ・プラデーシュ州，ケーララ州，カルナータカ州，さらにはスリランカ，シンガポール，マレーシア，アメリカ合衆国の約 700 の劇場で上映された。興行成績は好調で，同年６月 17 日から７月 14 日まで，タミル語映画ラン

4）映画やドラマを通じた富山県の知名度向上を目的として，富山県が 2011 年に設立したフィルムコミッション。

キングで第1位を獲得した。興行の成功は，映画自体や各種メディアの情報，俳優らのインターネットへの書き込みを通じて，タミル語圏での日本，とりわけ富山県の認知度を高めた。一方，日本では，ロケ隊の滞在にともなう約360万円の経済効果と各種メディアでの広報効果が確認されている[5)]。

2）大阪・神戸ロケの事例

富山県に続き，2013年8月にインド映画の日本ロケが行われた場所が大阪市と神戸市である。撮影されたのはタミル語映画 *Idharkuthane Aasaipattai Balakurama* の歌とダンスの場面で，大阪市内の大阪海遊館とJR大阪駅，梅田スカイビル，堂島川，神戸市内の神戸花鳥園と六甲ガーデンテラスが使用された。

大阪・神戸ロケの直接のきっかけは，2013年5月，神戸市を拠点に日印交流事業を手がけるE社が，タミル語映画のロケ受入，支援を大阪フィルム・カウンシルに提案したことにある。E社は2013年に神戸市東灘区で設立された個人企業で，インド映画のロケ支援をおもな業務としている。代表者であるハイダラーバード出身のインド人女性F氏は，アメリカ合衆国の大手日用消費財メーカーに勤務する夫の日本への転勤にともない，1995年に来日した。しばらくは主婦として暮らしていたが，2010年代に入ってから，チェンナイとハイダラーバード，ムンバイー，コルカタを拠点に映画ロケ支援事業と旅行業を展開するA社に勤務する知人から日本での映画ロケの可能性を打診された。そこでF氏は，日本の風景写真をA社に送信するとともに，ロケ支援を事業内容とするE社を設立した。その後，A社から *Idharkuthane Aasaipattai Balakurama* の日本ロケの支援を求められ，F氏は大阪フィルム・カウンシルと神戸フィルムオフィスに協力を依頼したのである。

大阪フィルム・カウンシルが受入を決定すると，同年8月に25名のロケ隊がチェンナイから来日し，6日間の滞在期間中に歌とダンスの場面が撮影された（図5-2）。大阪市内のロケ場所は大阪フィルム・カウンシルが，神戸市内の撮影場所は神戸フィルムオフィス[6)]がそれぞれ事前調整と当日の撮影支援を担

5）富山県ロケーションオフィス資料による。

図 5-2　大阪ロケの様子
（大阪フィルム・カウンシル提供）

当した。ロケ隊の宿泊や移動，食事の手配についてはＥ社が担当した。

この映画は 2013 年 10 月に公開され，タミル・ナードゥ州をはじめとするインド国内数州と海外数カ国で上映された。タミル・ナードゥ州では公開後 100 日以上上映され，興行収入は約 240 万 US ドルに達した[7)]。興行の成功は，富山ロケと同様に，映画自体や各種メディアの情報，俳優らのインターネットへの書き込みを通じて，タミル語圏での大阪の認知度を高めた。一方，日本では，ロケ隊の滞在にともなう経済効果と各種メディアでの広報効果が認められるほか，映画上映後に大阪の撮影施設を訪問するインド人観光客が増えているという。

3）日本ロケの利点と課題

本節では，富山ロケと大阪・神戸ロケの事例をもとに，各主体が日本ロケにどのような利点を見出しており，一方でどのような課題があるかを整理してお

6）映像を通じた神戸市の知名度向上と集客力強化を目的に，2000 年に神戸市で設立されたフィルムコミッション。神戸国際観光コンベンション協会に事務局がおかれている。
7）「Tamil Movie Idharkuthane Aasaipattai Balakumara Box Office Collections.」〈http://boxofficecollections.in/tamil/tamil-movie-idharkuthane-aasaipattai-balakumara-box-office-collections-58（最終閲覧日：2014 年 4 月 1 日）〉

く。

まず，インドの映画制作者からみた日本ロケの利点として，バージン・ロケーションとしての日本の魅力が挙げられる。多くのインド人にとって日本はなじみの薄い国であり，映画の中で日本の景観や文化が映し出されることは最近までほとんどなかった。そのため，日本の景観や文化はインドの映画鑑賞者に新鮮な印象を与え，興行成績の向上に結びつく可能性が高いと考えられた。また，日本ロケを行ったロケ隊のスタッフは一様に，日本のフィルムコミッション職員や施設管理者の丁寧な仕事ぶりと温かいもてなしに高い評価を与えている。一方，日本ロケを行う上での課題もいくつか指摘されている。まず指摘されたのは，施設の使用基準やルールが厳格で，現場協議で方法やスケジュールが頻繁に変更されるインド映画のロケが行いにくいという制作上の課題である。また，日本の政府やフィルムコミッションからの財政的支援がないことと日本国内の移動コストの高さといった経済的負担の大きさも指摘された。これについては，バージン・ロケーションとしての日本の魅力とそれにより発生する経済的利益がこれらの経済的負担を上回る現状にあり，現段階では致命的な問題となっていない。また，英語でのコミュニケーションとインド料理の提供については，両事例ではいずれもNRIが適切に対応しており，問題とはならなかった。

次に，日本のフィルムコミッションにとっての利点として，撮影チームの滞在にともなうロケ地の経済的効果に加え，日本とインドでのロケ地の知名度向上が挙げられる。このうち後者は，映画の上映や各種媒体を介した宣伝活動によるインド国民のロケ地に対する知名度向上のみならず，日本国内でも各種媒体を介した広報活動を通じてロケ地の知名度が向上した。一方，インドのロケ隊が指摘する，インド映画ロケの臨機応変さと日本の施設管理の厳格さのミスマッチについては，日本のフィルムコミッションも問題だと感じており，インドのロケ隊に日本のビジネス・文化習慣の違いを理解してもらうことが必要だと考えている。

最後に，NRIにとっての利点として，インド映画の日本ロケ支援が彼らの経営する企業の新たな収益事業となり，業務拡大に結びついていることが挙げられる。しかし，日本ロケ支援事業の収益性は必ずしも高いとはいえず，日本とインドの交流促進や文化活動支援を目指した社会貢献の側面をもつのが実態である。

5 インド映画の日本ロケは増え続けるか

以上にみたように，インド映画の日本ロケについては，①NRIがロケの誘致と支援に重要な役割を果たしていること，②バージン・ロケーションを求める傾向が強いこと，がわかった。

①については，2013年にインド映画の日本ロケの件数が急増したが，ロケ誘致の直接的なきっかけは，国や自治体による組織的対応でなく，日本在住NRIのインド映画関係者との社会的ネットワークを活用したロケ支援ビジネスであった。彼らは1990年代以降に来日したニューカマーであり，自身あるいは家族が国際的なビジネス活動に関わっている。彼らは，日本とインドの経済交流拡大，日本の政府やフィムルコミッションのインド映画ロケ誘致の動きを受けて，日印交流ビジネスを展開する企業を設立し，インド映画の誘致・支援にも取り組むようになった。また，日本ロケを行ったインド映画は，2000年代まではヒンディー語映画が中心であったが，2013年にはタミル語映画が中心となっていた。このことは，仲介役となるNRIがもつ映画界との社会的ネットワークの違いによるところが大きいことを示している。

②のバージン・ロケーション志向によるランナウェイは，創造的ランナウェイに位置づけられるものである。日本のようにインドと比べて物価や労働費の高い国でロケが行われたことも合わせて考えると，インド映画産業においても，Scott & Pope（2007）がハリウッド映画産業において確認した創造的ランナウェイ，すなわち安い労働費を求めて生産拠点を次々と移転させる半導体製造業とは異なる理由で，海外へのランナウェイが行われることが指摘できる。他方で，インド映画の場合，ランナウェイ先には真正性ではなく，新奇性が求められる。それは観客の，新しい風景や文化を享受したいという需要に後押しされるものである。このようなことからすると，日本というバージン・ロケーションは，いつまでインド映画の観客に新鮮さを提供できるだろうか，という疑問が浮かび上がってくる。

以上，①および②の知見を踏まえると，日本の諸地域がインド映画のロケを継続的に誘致しようとする場合，次の2点に留意する必要があると考えられる。①については，国や自治体によるオフィシャルな誘致活動も必要であるとは考えられるが，日本在住のNRI等を通じて，インド映画界のキーパーソンと直接交渉することが，ロケ誘致を具体化するために有効だといえる。ビジネスを企画，遂行する上で人間関係が重視されるインド映画界（和田, 2014）においては，特にこのことに配慮する必要があると考えられる。一方，②については，インドの映画鑑賞者が新奇性を感じられるロケ地を日本側が提供し続けることが求められよう。そのためには，日本の諸地域が魅力ある多様な風景や文化を発掘，再評価し，インド映画界のキーパーソンに伝える努力を継続する必要があろう。

【文　献】

杉本良男（2002）．インド映画への招待状　青弓社

南埜　猛・澤　宗則（2005）．在日インド人社会の変遷—定住地神戸を事例として　兵庫地理 **50**, 4-15.

ポポッポーの別荘〈http://www.geocities.jp/indoeiga_popopoo/japanlocation/japanlocation.html（最終閲覧日：2014年4月1日）〉

山下博司・岡光信子（2010）．アジアのハリウッド—グローバリゼーションとインド映画　東京堂出版

和田　崇（2014）．インド・ムンバイーにおける映画生産・流通システムと空間構造　広島大学現代インド研究—空間と社会 **4**, 41-54.

Christopherson, S. (2006). Behind the scenes: How transnational firms are constructing a new international division of labor in media work. *Geoforum* **37**, 739-751.

FILM FEDERATION OF INDIA〈http://www.filmfed.org（最終閲覧日：2013年9月25日）〉

Ganti, T. (2004). *Bollyeood: A guidebook to a popular Hindi cinema.* New York: Routledge.

MUNMUNのウェブサイト（運営者：MUNMUN）〈http://munmun.moo.jp（最終閲覧日：2014年4月1日）〉

Scott, A. J. (2002). A new map of Hollywood: The production and distribution of American motion pictures. *Regional Studies* **36**, 957-975.

Scott, A. J., & Pope, N. E. (2007). Hollywood, Vancouver, and the world: Employment

relocation and the emergence of satellite production centers in the motion-picture industry. *Environment and Planning A* **39**, 1364–1381.
UNESCO Institute for Statistics〈http://stats.unis.enesco.org/（最終閲覧日：2014 年 6 月 9 日）〉

第Ⅱ部
映像を活用した地域振興

第6章
コンテンツを活用した地域振興の動向

出口ほか（2009）は，独特の「世界観」と物語から独立した「キャラクター」の存在が日本のコンテンツの特徴であり，消費者（読者／視聴者）がそれらを「趣向を変えつつ遊び尽くす」傾向があると指摘した。近年のコンテンツ産業の活発化やコンテンツ振興法の成立を受けて，こうしたコンテンツ消費傾向は2000年代以降さらに強まり，地方自治体や地方企業などは地域にゆかりのコンテンツを活用した地域（産業・観光）振興の取組みを活発に展開するようになった。本章では，コンテンツを活用した地域振興の具体例を取り上げる次章以降に先立ち，日本におけるコンテンツを活用した地域振興について概観する。まず，コンテンツを活用した地域振興を文化資源としての活用と集客資源としての活用に分けて整理する。次いで，それを受け，特に2000年以降の日本において，コンテンツを活用した地域振興が活発化した要因を検討する。最後に，コンテンツの性格や活用方法から，地域におけるコンテンツの活用戦略を提示する。

水木しげるロード（鳥取県境港市）の鬼太郎像

1　文化資源としてのコンテンツの活用

1）文化資料としての収集・展示

映画やアニメ・漫画などが，映画館やテレビ，ビデオ・DVDなどのメディアを通じて流通する以外で活用される方法として，まず，それらが資料的価値をもつ文化資源とみなされ，図書館や博物館において収集・展示されるようになったことが挙げられる。

映画を例にみると，1952年に東京・北の丸公園の国立近代美術館（現・東京国立近代美術館）に映画部門が開設されたのがその嚆矢である。この部門は1970年に機能を拡充してフィルムセンターとなり，今日まで映画フィルムおよび映画関係資料の収集・保存・復元と公開・展示，映画教育，映画による国際交流などの事業を展開している。地方自治体が開設した映画資料館としては，1995年に開設された調布市立中央図書館映画資料室が最初である。調布市は日活調布撮影所と角川大映撮影所が立地しており，同資料室では両社に関係するものを中心に映画関係図書や雑誌，撮影台本，ポスターなど約２万５千点を収集・提供している。このほか，映画館があった場所に1996年に設立された羽島市映画資料館（岐阜県羽島市），小津安二郎作品など映画のロケ地となったことから「まちごと芸術・文化構想」事業の一つとして2000年に設立されたおのみち映画資料館（広島県尾道市），日本で初めてキネトスコープが上陸した都市であることにちなんで，阪神・淡路大震災の復興対策として2007年に設立された神戸映画資料館などが挙げられる。これらの映画資料館は，映画文化の発信と交流のみならず，映画と当該地域との何らかのかかわりを踏まえて，それを通じた地域振興をめざしている点に，国立近代美術館との違いを見出すことができる。

アニメ・漫画についてみると，日本で最初に設立された博物館は1966年設立のさいたま市漫画会館である。これに続き，1970年には千葉県習志野市に日本漫画博物館が，1978年には東京都内に現代漫画図書館が設立された。これらの博物館では，漫画は資料的価値をもつ文化資源とみなされ，収集・保存が行われるとともに，市民向けに展示・貸出が行われたりした。1980年代後半までに設立された博物館や図書館はすべて東京大都市圏に立地したが，それ以降，

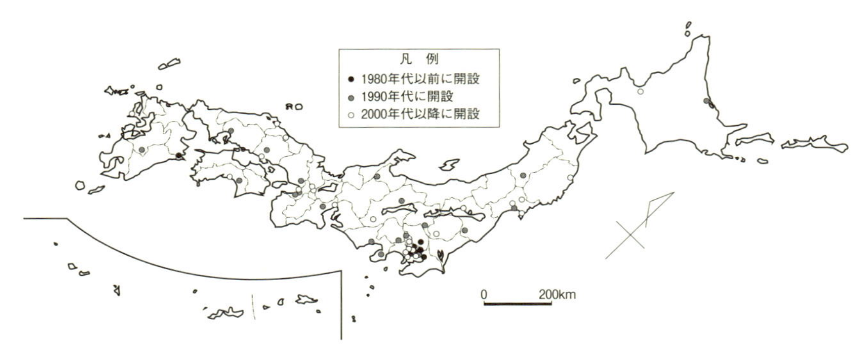

図 6-1　日本における漫画・アニメーション博物館の分布（2011 年）
（今（2004）およびウェブサイト検索（2011 年 12 月）をもとに作成）

漫画家の富永一朗と手塚治虫による先導的な取組みを通じて，多くの博物館が東京大都市圏以外の地域にも設立されるようになった。富永一朗は 1989 年以降，自身の出身地や訪問先の市町に 8 つの漫画図書館を設立した。また手塚治虫は，兵庫県宝塚市の協力を得て，1994 年に日本で最初のアニメをテーマとした博物館を設立した。1990 年代に入ると，多くの地方自治体や地方企業は，当該地域の出身作家やその作家が制作した作品を地域振興のための資源と位置づけ，それらを展示する博物館を設置することで，地域イメージを向上させたり，観光入込客数を増加させたりしようと考えた。その結果，アニメ・漫画をテーマとする博物館は 2000 年までに 29 カ所，2011 年までに 53 カ所に増加した（図 6-1）。

2）映画鑑賞機会の提供とまちづくり

映画やアニメ・漫画を収集・展示する取組みに加えて，映画鑑賞機会の提供，映画文化の創造・発信などを目的として，1970 年代から日本の各地域で開催されるようになったのが映画祭である。日本の映画祭を開始年代別にみると，1970 年代に始まった映画祭は 6 件（映画祭全体の 2.6%）のみであったが，1980 年代が 20 件（同 8.7%），1990 年代が 60 件（同 26.0%），2000 年代が 138 件（同 59.7%）と年々増加し，2011 年には日本国内で 224 の映画祭が開催されるまでになっている（図 6-2）。

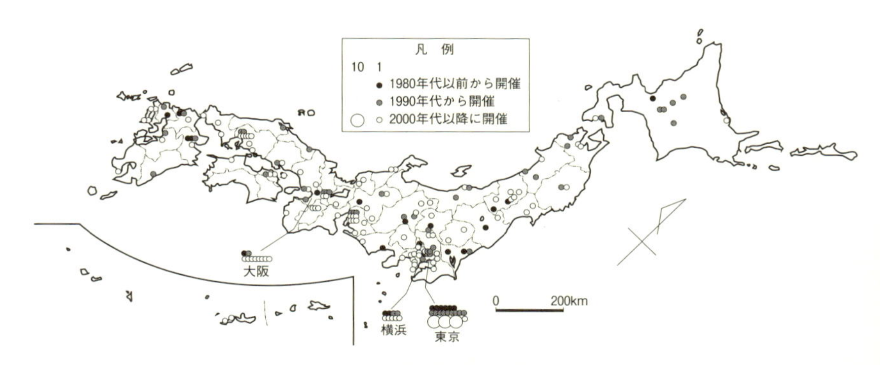

図 6-2　日本における地域映画祭の開催状況（2011 年）
（YIDFF およびコミュニティシネマセンターのウェブサイト（2011 年 12 月閲覧）をもとに作成）

都道府県別に映画祭の開催件数を比較すると，東京都が 60 件（同 26.0%）でもっとも多く，神奈川県の 17 件（同 7.6%），大阪府の 13 件（同 5.6%），愛知県の 12 件（同 5.2%）がこれに続く。これらの都府県は東京，横浜，大阪，名古屋といった大都市が立地する点が共通しており，映画祭の多くは都市地域で開催されていることがわかる。これらの都市では，「東京国際映画祭」（1985 年〜）のように国内外に映画文化を発信する役割を担う映画祭のほか，女性や子ども，学生，平和，アジア，ドキュメンタリー，インディペンデントなど，特定のテーマに関する映像文化の発信と交流を目的とする映画祭が数多く開催されている。

このほか，地方都市や農村地域では，地域振興の一環として，映画祭が開催されるケースも数多くみられる。地方都市で開催される映画祭の例として，1982 年に始まった「さっぽろ映画祭」を挙げることができる。この映画祭は，映画を愛する札幌市民が組織する「さっぽろ映画祭市民委員会」が，札幌における映画文化の定着・発信と札幌への観光・集客の促進と経済活性化を目的に開催している。また，農村地域で開催される映画祭の例として，大分県湯布院町（現・由布市）で 1976 年に始まった「湯布院映画祭」が挙げられる。この映画祭は，湯布院町のまちづくり団体と大分市内の映画ファンが組織する「湯布院映画祭実行委員会」が，日本映画のファンと日本映画の作り手が出会う場として企画，開催するようになったものである。湯布院町では，劇映画を扱う

「湯布院映画祭」に加えて，1989 年から児童映画を対象とする「ゆふいんこども映画祭」が，1998 年から文化映画・記録映画を対象とする「ゆふいん文化・記録映画祭」が開催されるようになり，常設映画館は立地しないものの，映画の町として知名度をあげ，入込客数の増加に結びつけている。

地方都市や農村地域における映画鑑賞機会の提供，映画文化の創造・発信を目的とした取組みとしては，上述した映画祭に加えて，コミュニティシネマ運動を挙げることができる。コミュニティシネマ運動は，大都市と地域における上映環境の格差の拡大，シネマコンプレックス[1]の進出にともなう中心市街地の既存映画館の相次ぐ閉館，上映作品における多様性の欠如を背景として，おもに地方都市や農村地域における映画上映環境の確保に取り組んでいる。1996 年に第 1 回会議が開催された「映画上映ネットワーク会議」がこの運動の起源である。この会議では，全国各地の映画祭関係者や映画興行関係者，自主上映団体，独立系配給企業などが参加し，地域の映画上映環境について議論を積み重ねてきた。その後，2002 年の岐阜会議で「コミュニティシネマ」の概念が初めて提起され，翌 2003 年の大阪会議では，より多くの人により多くの作品を鑑賞する機会を提供することで，映画上映環境の地域格差や上映作品の画一化の是正をめざす「コミュニティシネマ憲章」を採択している。これを受けて，同年に任意団体「コミュニティシネマセンター」が設立され，2009 年以降は一般社団法人として，多様な映画・映像の上映機会の提供，ワークショップ開催などを通じたメディア・リテラシーの向上などに取り組んでいる。

地域に根づいたかたちで映画を恒常的に上映している専門映画館[2]の分布状況をみると（図 6-3），東京都と千葉県，茨城県といった大都市圏に位置する都県と，山陰や南四国などの人口規模が小さい県を除く 34 道府県にひろく分布している。また，それらが立地する都市は，札幌市や横浜市，名古屋市，京都市，大阪市，広島市といった政令指定都市から，北海道北見市や山口県萩市といった地方中小都市まで，その規模は多様である。

1）同一の運営組織が同一所在地に 5 以上のスクリーンを設置して運営する映画館。
2）コミュニティシネマセンターが専門施設として位置づける 60 の映画館の分布状況を示している。

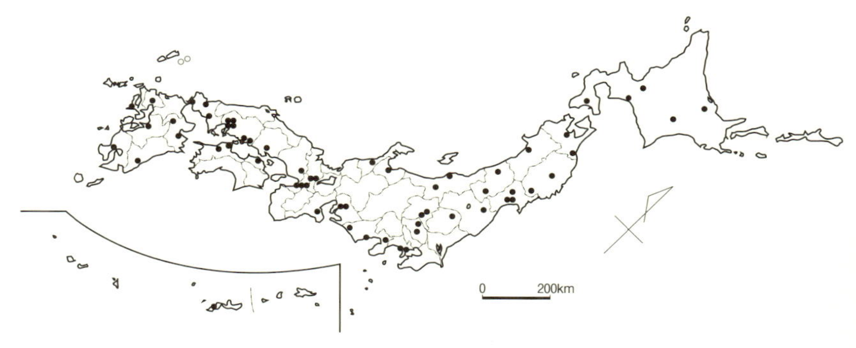

図6-3　日本における地域密着型映画館（コミュニティシネマ）の分布（2014年）
（コミュニティシネマセンターのウェブサイト（2014年7月閲覧）をもとに作成）

これらの中には，広島県尾道市のように，いったんは閉館した映画館を復活させた例もみられる。尾道市では，市民有志が2004年に「尾道に映画館をつくる会」を設立し，隔月で映画の自主上映会を開催したりしてきた。2006年にはNPO法人シネマ尾道が設立され，市民等からの募金約2,700万円を元手として，2008年に同法人運営の映画館「シネマ尾道」を開館させた。「シネマ尾道」では2013年から，映画館の全面デジタル化に対応するため，デジタル映写設備導入のためのクラウドファンディング[3)]を進めている。

3）フィルムコミッションとフィルムツーリズム

2000年以降，観光政策を所掌する運輸省（現・国土交通省）のリーダーシップのもとで日本各地に設立されたのがフィルムコミッションである（図6-4）。フィルムコミッションは，映画制作者やテレビ局のロケを支援するとともに，そこで撮影された映画やテレビドラマを利用して，地域を観光地として宣伝することをめざして設立された組織である。日本では，2000年に設立された横浜フィルムコミッションと大阪フィルムカウンシル，神戸フィルムオフィス，北九州フィルムコミッションが先駆けである。4つのフィルムコミッションに続き，2001年に16，2002年に33，2003年に27のフィルムコミッションが設立

3）インターネットを経由して不特定多数の支援者から資金を調達する方法。

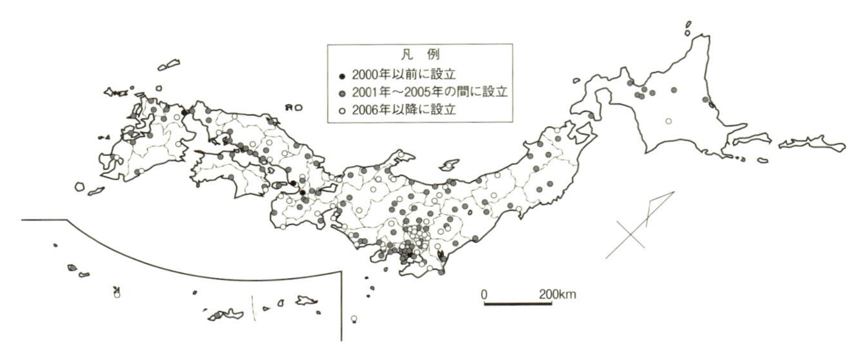

図 6-4　日本におけるフィルムコミッションの設立状況（2011 年）
（JFC ウェブサイト（2011 年 12 月閲覧）をもとに作成）

されるなど，日本においてフィルムコミッションの数は急増した。2011 年現在，その数は 185 にまで増加している。

フィルムコミッションはすべての都道府県に設立されている。都道府県別のフィルムコミッション数（2011 年）をみると，埼玉県が 18 件と最多で，神奈川県と新潟県，静岡県が 11 件，北海道が 9 件でこれに続いている。これらのうち，北海道を除く 4 県には，次の二つの共通点を見出すことができる。一つは，多くの映画制作者やテレビ局が立地する東京都から地理的にそれほど遠く離れていないことである。いま一つは，海岸や山，川，寺，森林，都市といった多様なロケ地をもつことである。これらの条件は，交通費や宿泊費などの出費を抑えながら，さまざまな場面のロケを行おうと考える，東京都等に立地する映画制作者やテレビ局のニーズを満たすものと推察される。

特定地域でロケがなされた映画やテレビ番組がヒットすれば，映画やテレビ番組を観た者が当該地域を訪れるようになる。そのような旅行者は，日本国内からだけでなく，海外からも訪れるようになっている。たとえば，中国映画『狙った恋の落とし方。』（2008 年）のロケが北海道東部で行われ，その作品が中国の劇場で公開されると，ロケが行われた阿寒湖温泉地区の中国人宿泊者数は 2008 年から 2009 年の 1 年間で約 11 倍に増加した（北海道釧路市・弟子屈町，2010）。地方自治体の中には，外国の映画制作者やテレビ局によるロケを誘致し，外国人旅行者数の増加とコンテンツ産業の振興をめざすところもある。

たとえば札幌市は，日本政府による「札幌コンテンツ特区」の指定を受けて，映像の国際共同制作や外国映画等のロケ誘致を通じて，映像産業の振興はもとより，映像のプロモーション効果を活かした観光客の誘致や北海道産食品の海外輸出などに取り組もうとしている。ここでは，さっぽろ産業振興財団内に設置された「札幌映像機構」が中心となって，ロケ規制の改善や映像コンテンツの流通に関する協定締結，ファンドの設計などに取り組んでいる（経済産業省，2012）。

2 集客資源としてのコンテンツの活用

1）作品（作家）世界の再現と集客の促進

1960 年代以降，多くの地方自治体等が映画やアニメ・漫画をテーマとした博物館を設立するようになった。それらの設立目的は，当初は文化資源として映画やアニメ・漫画に関する資料を収集・展示することであったが，次第にそれを活用した当該地域への集客の促進へと移行した。2000 年代後半になると，杉並アニメーションミュージアムや東京アニメセンターのように，アニメ制作企業の集積地に立地し，アニメファンや一般旅行者に対してアニメ文化・産業を発信する施設も設置されるようになってきた。このほか，映画やアニメ・漫画の作品（作家）世界を再現し，そこに集客しようとするプロジェクトとしては，東京ディズニーランド（1983 年～）やユニバーサル・スタジオ・ジャパン（2001 年～）に代表されるテーマパークを含めることができる。

アニメ・漫画の活用は，博物館やテーマパークといった閉鎖的空間にとどまらず，アニメ・漫画に描かれるキャラクターの像を商店街や観光地に設置したり，それを活用した集客イベントを開催したりする取組みも，主として 1990 年代以降にみられるようになった。たとえば，鳥取県境港市では，漫画『ゲゲゲの鬼太郎』に描かれた妖怪のブロンズ像が商店街「水木しげるロード」に設置され，それを見るために，1990 年代なかば以降，多くの観光客が訪れるようになった。境港市では，漫画『ゲゲゲの鬼太郎』の原作者であり，漫画の著作権管理者である水木しげる氏の協力を得て，商店街に妖怪ブロンズ像が設置されたほか，境港妖怪検定試験や妖怪川柳コンテスト，妖怪そっくりコンテスト

表 6-1　国・自治体の漫画・アニメキャラクター大使（2011 年）

使用キャラクター	実施主体	任命年	キャラクターの役割
のらくろ	東京都江東区	2003	江東区文化親善大使
鉄腕アトム	東京都新宿区	2003	新宿未来大使
クレヨンしんちゃん	埼玉県春日部市	2003	春日部市イメージキャラクター
クレヨンしんちゃん一家	三重県	2003	観光イメージアップキャラクター
ゲゲゲの鬼太郎	鳥取県	2006	とっとり妖怪観光大使
バーバパパ	佐賀県	2006	佐賀ファミリーツーリズム観光大使
吉田くん	島根県	2007	島根県 super 大使
ドラえもん	外務省	2008	アニメ文化大使
あたしンち（母）	農林水産省	2008	ニッポン食の親善大使
マイマイ新子	山口県	2009	山口ふるさと特別大使
ヴァンプ将軍	川崎市高津区	2011	キラリたかつ大使

（国土交通省（2008）およびウェブサイト検索（2011 年 12 月）により作成）

などのイベントが多数企画，実施された。こうした取組みを通じて，水木しげるロードでは妖怪世界がハードとソフトの両面から再現され，観光客はその世界観とともに，相互の交流を深めることを楽しむようになった。

2000 年代に入ると，「聖地巡礼」とよばれる，アニメ・漫画の作品舞台として描かれた場所をファンが自発的に訪れる新しい旅行形態もみられるようになった。アニメ『らき☆すた』のファンによる埼玉県鷲宮町（現・久喜市）への来訪がその例である。『らき☆すた』のテレビ放送が 2007 年に始まると，一部の熱狂的なファンが，同作品に描かれた神社のモデルになったといわれる鷲宮神社を訪れるようになった。こうしたファンの行動が新聞や雑誌，インターネットなどで伝えられると，鷲宮町を訪れる者の数は急増した。鷲宮町商工会はこの動きに注目し，『らき☆すた』を地域振興に活用するようになった。鷲宮町商工会は，著作権保有者およびファンの協力を得て，『らき☆すた』ファン向けにさまざまなイベントを開催したり，土産品を開発したりした（山村，2011）。

2000 年代には，地方自治体がアニメ・漫画の作品に登場するキャラクターを親善大使に任命し，地場産品や観光のプロモーションに活用する動きもみられるようになってきた（表 6-1）。初めて任命されたキャラクター大使は，2003

年に東京都江東区の文化未来大使に任命された「のらくろ」と，同年に東京都新宿区の大使に任命された「鉄腕アトム」であった。この2件に共通するのは，大使に任命した自治体が，キャラクターの登場する漫画の原作者の出身地であることである。これ以降，アニメ・漫画に登場するキャラクターが地方自治体の親善大使に任命されるケースが増加した。これらの取組みは，作品の中からキャラクターだけを取り出して，その親しみやすさと知名度を利用しようとするものといえる。

2）地域（連動）コンテンツの制作と発信

2000年代後半以降，東京等に活動拠点をおく作家や企業が制作した映画やアニメ・漫画などを作家の出身地や作品舞台となった地域で活用する取組みに加え，地方における映画やアニメ・漫画，キャラクターの制作・活用，地方在住の作家や地方に制作拠点をおく企業が映画やアニメ・漫画をテーマに行うまちづくり，自治体等と連動した映像プロジェクト等，地方が既存コンテンツの活用だけでなく，コンテンツの制作に踏む込むケースも多くみられるようになっている。本書で報告した，沖縄県におけるアニメ制作（第4章）などは，その先駆的な事例といえよう。

このほか，地方に立地するアニメ制作企業が，地方から人気アニメを制作，発信するとともに，自治体と協力しながら，アニメをテーマとしたまちづくりを展開する事例もみられる。たとえば，徳島県徳島市にスタジオをおくアニメ制作企業U社は，徳島県および徳島市の協力を得て，アニメをテーマとしたイベントを商店街で実施したり，アニメ専門映画館を開館させたり，自社キャラクターを活用して既存イベントを宣伝したりしている。また，富山県南砺市にスタジオをおくP社は，スタジオ確保や広報などで自治体の協力を得ながら，南砺市や隣接する石川県金沢市を舞台にしたアニメ作品を制作，発信することで，地域イメージの向上と雇用確保に貢献している。

キャラクターについては，人気作品に登場する既存の人気キャラクターを地方自治体等が活用するだけでなく，地方自治体や地方企業が，独自のご当地キャラクターを制作し，知名度の向上，地場産品や観光地の宣伝に活用するようになっている。このご当地キャラクターは，かわいらしい外見やふるまいなど

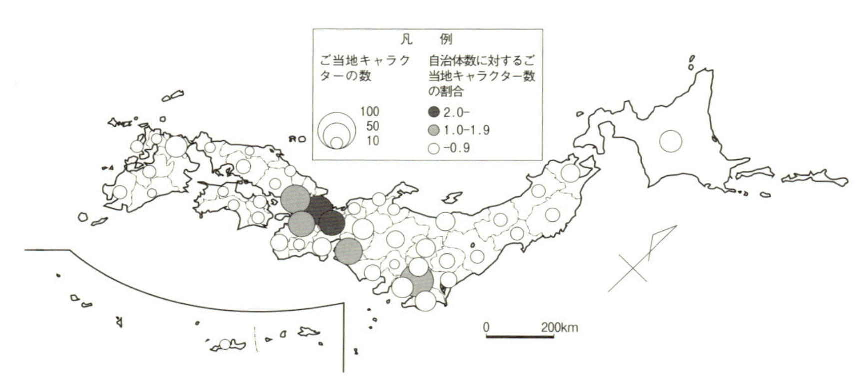

図 6-5　都道府県別ご当地キャラクター数および自治体数に対する割合（2011 年）
（みんなのゆるキャラウェブサイト（2011 年 12 月閲覧）をもとに作成）

から，「ゆるキャラ」とも呼ばれている。筆者がウェブサイト「ゆるキャラ図鑑」を閲覧したところ，2011 年 12 月現在，日本国内に 970 体のご当地キャラクターを確認できた（図 6-5）。ご当地キャラクターの多くは，「くまモン」など一部のものを除いて，国民的に人気のあるアニメ・漫画のキャラクターと比べて知名度や人気があるとはいえないが，自らの所有物であることから，地方自治体や地方企業はそれを地場産品や観光の宣伝に使用しやすいというメリットがある。

3）オタク文化の集積とまちづくり

これまで紹介したような，映画やアニメ・漫画の制作者や地方自治体等が主体となった取組みとは別に，2000 年以降，アニメ・漫画の熱狂的なファン（以下，オタク）が大都市内の一部商業地区を訪れ，アニメ・漫画に関する商品・サービスを購入したり，アニメ・漫画をテーマとしたイベントに参加したりする動きが顕著にみられるようになってきた。たとえば，東京・秋葉原や大阪・日本橋，名古屋・大須などでは，戦後から形成されてきた電気街がアニメ・漫画，ゲーム，フィギュアなどを扱う店舗が集積する「オタクの街」へと変容し，近年はそれを強みと認識し，それを強調したまちづくりや集客戦略も展開されるようになっている。これについて森川（2005：256）は，東京・秋葉原を例に，「個人レベルの趣味嗜好のパターンが，歴史や地理，行政，資本といった，旧来的な構造に代わる新しい街の形成構造として働いた」と指摘し，「世界的に見てもきわめて先鋭的な事例」と位置づけている。

3　コンテンツ活用の促進要因

前節でみたように，日本におけるコンテンツを活用した地域振興の取組みは，年代が下るに従って，文化振興（政策）から産業・観光振興（政策）へと主目的を変化させながら，件数も大幅に増加してきた。このように，近年（特に2000年代以降），コンテンツを活用した地域振興が活発になった要因として，制作者に起因するもの，消費者に起因するもの，地方自治体や地方企業に起因するもの，の３点を挙げることができる。

まず，制作者に起因する要因としては，ランナウェイ・プロダクション，マーチャンダイジング，マーケティングの３点を指摘できる。コンテンツの制作者は近年，制作コストを削減させたり，作品の魅力やリアリティを高めたりするため，制作拠点とは別の場所でロケや編集作業を行うことが多くなっている。これについて，コスト削減を主目的とした制作機能の空間移転は経済的ランナウェイ，作品魅力の向上を主目的とした制作機能の空間移転は創造的ランナウェイと呼ばれている[4)]。また近年は，コンテンツの上映や放送，配信から収益を上げるだけでなく，コンテンツの１場面やキャラクター，メカニカル・デザイン，ストーリーを商品化，販売するビジネス（マーチャンダイジング）が，以前と比べてより活発になっている。さらに，地域に密着したコンテンツやそれに関連する商品・サービスを開発し，当該地域を中心とした販売活動を展開し，固定ファンを獲得したり，売上げを増加させたりする，地域密着マーケティングの動きもみられるようになっている。

消費者に起因する要因として，コンテンツの消費者がコンテンツ自体を視聴したり，読んだりするだけでなく，それ以外にさまざまな楽しみ方を実践するようになってきたことが挙げられる。たとえば，アニメ視聴者の中には，原作を視聴するだけでなく，その作品に登場するキャラクターを用いた新たなスト

4）序章を参照のこと。

ーリーを創作する者もみられる。彼らは，関連商品を扱う小売店やイベント会場，さらにはインターネット上で，視聴コンテンツについて語り合ったり，自作のコンテンツを見せ合ったり，販売しあったりする。また，映画やテレビドラマのロケ場所やアニメの舞台となった場所を訪れることで，コンテンツをより深く味わおうという動きも活発となってきた[5)]。

こうしたコンテンツの制作者と消費者の新たな動きがみられる中で，地方自治体や地方企業は，コンテンツを地域の資源と捉え，それを活用した地域振興を画策するようになった。1980年代からのまちづくりの活発化と1990年代の地方分権の進展を受けて，日本の地方自治体は地域の資源を活用した独自の地域振興策を展開することが求められるようになってきた。その方策の一つとして，地方自治体や地方企業は，当該地域とかかわりのある作品やキャラクター，およびその制作者などを地域の資源と捉え，それを活用した商品・サービスの開発・販売や観光プロモーションを通じて，知名度の向上や地域経済の活性化をめざすようになったのである。

こうした制作者と消費者，地方自治体等の事情と思惑が重なり合うかたちで，コンテンツを活用した取組みが地域振興の手段として認識され，実践されるようになってきた。具体的には，地方自治体や地方企業などが，制作者の協力を得て，コンテンツにかかわる商品・サービスを開発・提供し，消費者がそれを積極的に消費する，というようなものが挙げられる[6)]。また，消費者が地方自治体等による商品・サービス開発に協力するケースもみられるようになっている[7)]。

4　コンテンツの活用戦略

コンテンツを活用した地域振興については，地理学や社会学，観光学などの

5）今（2004）は，『日本まんがMAP』のイントロダクションで，読者に向けて「漫画をもっと深く味わうために，この本を持って旅に出かけよう。漫画を幅広く楽しんでもらうあらたな方法を見出してほしい。漫画をもっともっと楽しもう」と記している。
6）鳥取県境港市における『ゲゲゲの鬼太郎』を活用した取組みがその代表例といえる。
7）埼玉県鷲宮町におけるファンが参加した商品開発やイベント開催の例が顕著である。

既存研究を通じて，コンテンツの性質や活用方法などから，いくつかのパターンに分類されている。

まず，コンテンツの性質に着目すると，それらは表現方法，生成場所，消費形態の三つの観点から分類されている。表現方法はそのコンテンツがどのような様式で表現されるかというもので，コンテンツ振興法[8]では，映画，音楽，演劇，文芸，写真，漫画，アニメ，コンピュータゲームなどがその例としてあげられている。これに関して岡本（2010）は，コンテンツの表現形態とその視聴者による旅行行動の関係を検討し，テレビ番組（とくにNHK大河ドラマ）の視聴者は歴史的関心とドラマ的関心にもとづいてロケ地を訪問するが，アニメの視聴者は世界観的関心とキャラクター的関心にもとづいて関連する場所を訪問することを示した。

福田ほか（2010）は，コンテンツの生成場所の違いに着目し，内発的コンテンツと外来的コンテンツの二つに分類している。彼らは，活用しようとする地域の自治体や企業，作者などが制作過程を調整またはそれに関与しているものを内発的コンテンツ，活用しようとする地域の自治体や企業，作者などが制作に関与していないものを外来的コンテンツと位置づけ，そのいずれを取り上げるかによって，コンテンツの活用方法が異なることを指摘した。

谷口（2008）は，各種コンテンツの消費者層と消費形態の違いに着目し，アニメが芸術系と商業系，自生系の3種類に分類できると報告した。芸術系アニメは作家が芸術性を追求して制作した作品であり，同じく芸術性を追求する一部のファンや他の作家，批評家を中心に消費される。商業系アニメは商品として営利目的で制作され，テレビで放送されたり，映画として上映されたりするもので，一般消費者に幅広く消費される。自生系アニメは一部のファンが既存作品のキャラクターや設定を題材にしながら，同人誌やインターネットなどを通じて独自の作品世界を展開させるものをいう。谷口は，そのいずれを取り上げるかによって，コンテンツの活用方法や地域振興の方法が異なると指摘している。

8）正式名称は「コンテンツの創造，保護及び活用の促進に関する法律」である。2004年に議員立法により成立した。

次に，コンテンツの活用方法に着目すると，活用理由，活用主体，活用戦略の三つの観点から分類される。活用理由について，和田（2007）は，活用されるコンテンツと活用する地域の関係から，題材型，ゆかり型，機会型の三つに分類している。題材型は特定地域の景観や施設などが作品の題材あるいは舞台として活用されるもので，当該地域の自治体や企業等は作品に使用された景観や施設などを活用して観光客を誘致したりする。ゆかり型は，コンテンツの制作者が出生したり，一時期を過ごしたりした地域において，自治体等がその制作者およびその作品を取り上げて，制作者の関連情報や作品を収集・展示した記念館を建設したり，イベントを開催したりする。また機会型では，コンテンツの制作者や作品と地域とのかかわりはみられないものの，自治体や文化団体などが作品の発表機会や制作者相互あるいは制作者と住民との交流機会を提供したり，コンテンツの制作環境を整備したりして，当該地域において文化振興と観光振興を同時に図ろうとする。

活用主体については，福田ほか（2010）が，内発的発展論を理論的根拠として，活用主体の内発性と外来性に基づく分類を行っている。彼らは，当該地域の自治体や観光協会，経済団体，NPO，住民などがコンテンツを活用した地域振興の主体となる内発的発展と，当該地域外の行政機関や企業などがコンテンツ活用および地域振興の主体となる外来型開発に分類している。その上で，コンテンツを活用した地域振興は外来型開発のみでは持続的発展は望めないこと，地域コミュニティに根ざした実行主体の組織化をベースとする内発的発展の枠組が不可欠であると指摘している。また彼らは，内発的発展と外来型開発に加え，当該地域内・外の主体の協働による発展パターンとして共発的発展があり，コンテンツを活用した地域振興にもそうしたケースがみられると報告した。

活用戦略については，山村（2009）が「文化資源の集積地」と「文化資源の集散地」という二つの戦略を提起している。前者は地方自治体や地方企業などがどれだけ文化資源（コンテンツなど）を所有，提供できるかというアプローチで，消費者が特定の施設等に代価を支払うことによりピンポイントの経済効果をもたらす。後者は地域をいかにして文化資源（コンテンツなど）をめぐる交流の舞台にできるかというアプローチで，その実現には，消費者どうしが自由に交流できる場や仕掛けを地方自治体や地方企業などが提供することが重要になる。その上で，彼は，漫画やアニメなどを愛好する者が自発的に集い，交流する「文化資源の集散地」が次々と誕生していると指摘した。

以上から，コンテンツを活用した地域振興の取組みを分析したり，あるいは企画したりする際には，コンテンツの性質を把握した上で，コンテンツ活用の理由と主体，戦略を明確にすることが大切だといえよう。それらを明確にして取り組むことで，コンテンツを活用した地域振興の成否も違ってくると考えられる。また，コンテンツを活用した地域振興の取組みを成功に導くためには，前節で示したように，地方自治体等と制作者，消費者が良好な関係を保つことが鍵となる。次章以降では，フィルムツーリズム，映画祭，キャラクター活用，オタク文化の集積，という活用パターンの異なる４つの地域振興事例を取り上げ，地方自治体等と制作者，消費者の関係に注目しながら，それぞれの取組みの実態を浮き彫りにしていく。

【文　献】

一般社団法人コミュニティシネマセンター〈http://jc3.jp/（最終閲覧日：2015 年 10 月 6 日）〉

岡本　健（2010）．コンテンツ・インデュースト・ツーリズム―コンテンツから考える情報社会の旅行行動　コンテンツ文化史研究 **3**, 48–68.

経済産業省（2012）．コンテンツ産業の現状と今後の発展の方向性

今　秀生（2004）．全国まんがMAP　音楽出版社

ジャパン・フィルムコミッション〈http://www.japanfc.org/（最終閲覧日：2015 年 10 月 6 日）〉

谷口重徳（2008）．コンテンツを通じた地域振興の取り組みの現状と課題―中国地方を中心に　現代社会学 **10**, 27–44.

出口　弘・田中秀幸・小山友介［編］（2009）．コンテンツ産業論―混淆と伝播の日本型モデル　東京大学出版会

福田一史・中村彰憲・細井浩一（2010）．コンテンツ活用型地域振興の類型化に関する比較事例研究　立命館映像学 **3**, 71–87.

北海道釧路市・弟子屈町（2012）．釧路湿原・阿寒・摩周観光圏整備計画

森川嘉一郎（2005）．「おたく」の聖地は予言する　吉見俊哉・若林幹夫［編著］東京スタディーズ　紀伊國屋書店，pp.247–257.

山村高淑（2009）．21 世紀のツーリズム研究に向けて　CATS 叢書 **1**, 129–133.

山村高淑（2011）．マンガ・アニメで地域振興―まちのファンを生むコンテンツツーリズム開発法　東京法令出版

和田　崇（2007）．中国地域におけるコンテンツ・ツーリズムの現状と可能性　季刊中国総研 **41**, 1-10.
YIDFF〈http://www.yidff.jp/（最終閲覧日：2015 年 10 月 6 日）〉

第7章 NHK連続テレビ小説を契機とした観光と地域の変化

テレビドラマの放送は地域に何をもたらすのであろうか。また，地域はテレビドラマ放送に際し，どのように対応すればよいであろうか。本章は，フィルムツーリズムの中でもテレビドラマの放送を契機とした観光者の行動や地域の対応について検証する。まず，NHKの大河ドラマや連続テレビ小説をおもな例に，テレビドラマの放送が与える効果，すなわち観光者数の変化，地域イメージへの影響，観光行動への影響，経済効果，取組みの種類，地域住民の意識変化について，一般論として整理する。次に，長野県の安曇野市をロケ地としたNHK連続テレビ小説『おひさま』を例に，ドラマ放送時に安曇野市で生じた観光者数の変化，意識・行動の変化，景観の変化，地域住民・事業者の取組みとその効果について検討していく。その上で，テレビドラマ放送の効果を考察し，フィルムツーリズムに対して地域が行うべき対策を議論する。

『おひさま』ロケ地となった長野県安曇野市

1 フィルムツーリズムとその影響

1）テレビドラマの影響

テレビドラマの放送がロケ地への訪問を促し，地域に何かしらの影響を与えるという事実は古くから指摘されてきた。アーリ・ラースン（2014）も現代の観光を論述する中で『ハリー・ポッター』や『ロード・オブ・ザ・リング』の例をあげ，「メディア化したまなざし」としてそれらの現象を捉えている。観光の歴史においても，メディアと観光の関係はますます強いものとなっている。石森（1997）は2010年代にアジアを中心とした国際観光の量的拡大，観光の日常化，多様化，そしてマルチ・メディア革命によるバーチャル・ツーリズムの創出が生じると指摘しており，山村（2009）はメディアコンテンツの多様化が観光を質的に変化させると論じている。メディアによって観光やそのまなざしが変化すれば，それは地域の変容へとつながる。バトラーが提唱した観光地のライフサイクルモデルにおいても，地域の変容過程において宣伝やイメージの影響が指摘されている（Butler, 1990）。

本章では，このようなメディアが地域に与える影響（もたらす効果）について，筆者らの調査結果をもとにみていく。はじめに，一般的に指摘されているテレビドラマの効果を，先行研究の事例などから概観する。ここでは観光客数の変化や経済効果がおもな関心事となっている。次節では，長野県安曇野市を一つの事例とし，NHKのテレビドラマ『おひさま』の放送が地域に与えた影響を考察していく。最終節では，安曇野市の事例を踏まえ，今後に向けた提言を行っていきたい。

2）テレビドラマと観光者

大河ドラマや連続テレビ小説が放送されると，ロケ地となった地域にはこれまでよりも多くの観光者が訪れることとなる。『龍馬伝』では長崎市の観光者数が前年比約10%の増加（野邉, 2011），高知市の各施設でも前年比約10–40%の増加（中村, 2011）がみられた。『平清盛』では宮島への来島者数が前年比約10%の増加をみせている（棚田, 2013）。また，NHKのスペシャルドラマ『坂の上の雲』放送中に松山市で行われた調査でも，アンケート回答者全体の約

25%がドラマの影響で来訪していたと報告されている（黒田, 2010）。これらの結果から，テレビドラマの放送による観光者数の増加率[1]は，市町村レベルの地域単位で前年の約10%から30%程度が一般的といえる。

ただし，テレビドラマの放送によって観光者数は一時的に増加するが，それは一過性のものとなるおそれがある。中村（2003）は大河ドラマの主たるロケ地の観光者数を調査し，ドラマ放送と観光者数の変化を，①一過型，②ベースアップ型，③無関係型，の三つに分類している。中村の調査は約20年前のものであり新データでの再検証が必要であるが，おそらく近年でもその傾向は同じであろう。三つの分類の中でも，放送年をピークに1-2年で旧来の水準に戻ってしまう一過型がもっとも多くなっている。このことから，ドラマの放送やその良し悪し以前に，そもそもの観光地としての魅力自体がその後の観光者数の推移を左右すると考えられている。

加えて，テレビドラマの放送は観光者の抱く地域のイメージを強化もしくは変化させる。ドラマのストーリー・ラインやイコン，主題などによって形成された地域のイメージは，観光者の行動や経験をも形づくっていく（中谷, 2010）。ゆえに，確固たるイメージが地域に付与されれば，観光者数を以前よりも高い水準で維持することが可能な一方，意図しない地域イメージの形成によって，旅行者の過度な流入や彼らの行動により，地域にとって好ましくない事態が引き起こされることもある。

テレビドラマをはじめとするメディアが観光者の行動に影響を与えることも指摘されている。岡本（2010）は，日本の歴史を題材とした大河ドラマと現実的な時間に縛られていないアニメというコンテンツ上の特徴の違いを見出し，それらに誘発された観光者の行動について比較を行っている。そこでは，大河ドラマ観光において，ドラマを視聴しなくても訪問できること，情報はガイドブックや特別番組に依拠していること，旅行中は関連施設や現地で写真をとること，旅行後はクチコミを生じさせること，などが指摘されている。一方のアニメ聖地巡礼では，アニメを視聴することによって訪問の動機が形成され，ガイドブックやインターネットによる個人から発信された情報に依拠し，旅行中

1）観光者数の増加率はドラマ自体の視聴率と相関があるともいわれている（野邊, 2011）。

はアニメと同じアングルで写真撮影を行い，旅行後はインターネットを通じて個人として発信を行うこと，などが論じられている。なお岡本（2010）は，大河ドラマかアニメかといったコンテンツの種類の違いによって，地域振興の取組みにおける構造的差異はみられないと指摘している。

3）テレビドラマと地域

テレビドラマの放送による地域への経済効果とは一体どれほどのものであろうか。森岡（2013）は8つの大河ドラマを対象に各県における経済効果の試算結果をまとめ，1本のドラマにつき100億円から200億円台の経済効果が現われるとした。そして，『平清盛』のロケ地となった広島県を事例に，経済波及効果額を202億円と試算した。2007年に放送された『風林火山』でも，長野県へ約138億円の経済効果がもたらされたとされている（野﨑・寺沢, 2008）。『平清盛』と広島県の事例も，『風林火山』と長野県の事例も，ともに粗付加価値額が県内総生産の0.1％ほどと，無視できない効果である。

一方で，テレビドラマの放送が決定すると，地域ではさまざまな取組みが始まり，放送終了後まで続けられる。近年では，自治体などの地域の各種団体が，テレビドラマ放送に関連した企画を行うのが通例である。たとえば，『平清盛』（2012年放送）では，広島県廿日市市宮島町で放送内容についての企画展示等が実施された（棚田, 2013)。企画の一例には，放送に使用されたロケセットの活用もある。連続テレビ小説『おひさま』のロケ地となった長野県の安曇野市では，放送後もしばらくロケセットが保存され，観光者を集めていた（安曇野市商工観光部, 2012)。その他にも，ドラマ放送を契機に資料館の増設やイベントが行われることが多くなっている。これらの現象はテレビドラマ放送による新たな観光コンテンツの造成といえる。また，ドラマが実際に放送され始めると，ドラマに関連したポスターや幟の掲示，パンフレットやノベルティグッズの配布などが行われ，ロケ地となった地域はドラマ一色の世界となる。

このように，テレビドラマの放送を契機とした一種のブームが地域に生じると，地域住民の意識にも変化が生じる。たとえば，『天地人』の舞台となった新潟県南魚沼市では，ドラマ放送をきっかけに小学生高学年から中学1年生までが地元の歴史上の人物を認知するようになったという（江口・渡邉, 2012)。また，『篤姫』の舞台となった鹿児島県では，ドラマ放送を機に地域住民がボランティアガイドとして活動しはじめ，その活動が新たな観光コースの開発へと発展した例もみられる（深見, 2009）。

2　NHK 連続テレビ小説『おひさま』の効果

1)『おひさま』と安曇野市のかかわり

本節では連続テレビ小説『おひさま』の主要舞台となった長野県安曇野市を例に，テレビドラマの放送が与えた影響をみていくことにする。2011 年の 4 月から 10 月初旬に放送された『おひさま』は昭和の時代を時代設定としたドラマである。主人公は陽子（主演：井上真央）という女性であり，彼女の母の死去や青春時代，戦争など，さまざまな体験を軸にストーリーが展開していく。ロケ地は安曇野市と松本市であったが，その中で安曇野市が主要なロケ地となった。

安曇野市は長野県の西部，松本盆地の中央に位置する。松本盆地の中でもっとも低い盆地床にあり，犀川（梓川・奈良井川）と高瀬川が合流するなど，豊富な水資源に恵まれる地域である。市の西部には飛騨山脈が連なり，標高 3,000m 級の山々がそびえ立っている。これらの自然条件から，安曇野市には古くから畑が開かれ，集落として栄えた。特に江戸時代に千国街道が通されると，街道沿いには町屋が形成された。松本盆地の中心に位置する穂高町は，扇状地の末端（扇端部）に位置し，自然湧水が豊富で，千国街道上にあることから，安曇野市の中心地の一つとなっている。

今日でも農業は安曇野市の主たる産業の一つ[2)]となっており，盆地床では米が，扇状地上では野菜や果実が栽培されている。盆地床で行われている米（水稲）栽培の裏作として，レンゲ栽培も行われている。また，米栽培の生産調整として，大麦や小麦，ソバの栽培も行われている。加えて，地下水面が低く湧水も豊富な扇端部ではわさびの栽培が盛んとなっており，わさび田が多くみら

2）近代には，豊かな表流水や地下水を利用して，製紙工場や機械系工場も多く立地するようになった。

れる。これらの自然環境や生活誌が「残雪の残る北アルプスの山脈を背景に，水田に咲いた一面のレンゲ畑を前面に，白壁の土蔵を配した農家景観」（呉羽，2009）という安曇野市の象徴的な景観を生み出している。

安曇野市が『おひさま』のロケ地となった経緯には，脚本家の両親が幼い頃に長野県に疎開したこと，また脚本家の妻の祖父が長野県に居住していたことが大きく影響している（日本放送協会，2011）。彼は安曇野市を「水がきれいで心まできれいになった気分になることができる場所，そして大きな山がいつも見守ってくれており落ち着く場所」とみており（日本放送協会，2011），脚本にも安曇野市の自然を活かした描写が取り入れられている。ドラマの中では，必ずと言ってよいほど，自然の風景を写すシーンがあり，安曇野市内では多くの風景カットがシーンとして使用された（図 7–1）。

たとえば，有明山がみえる穂高側や，万水川沿い，明科の水辺，正面に常念岳を臨む水田地区などが代表格で，それらの風景美が主人公の悩みや嬉しさなどの喜怒哀楽の表現を際立たせるように工夫された。特に，国営アルプスあづみの公園と大王わさび農場はロケ地として頻繁に利用された。大王わさび農場の駐車場脇には陽子とその夫が開店したそば屋のロケセットが，国営アルプスあづみの公園内には主人公の陽子が安曇野市に越してくるシーン等で使われた茅葺き屋根が設置されていた（図 7–2）。ただし，『おひさま』の放送が終了すると，わさび農場のロケセットは 2011 年 10 月に，あづみの公園のロケセットは 2013 年 3 月に撤去された。あづみの公園のロケセットが 1 年半ほど長く残された理由は，わさび農場のロケセットは駐車場の間近にあり，倒壊の危険があったのに対し，ロケセットが公園内にあって柵等による管理ができたためとされている。

2）『おひさま』放送にともなう観光者数の変化と行動

『おひさま』の放送は安曇野市の観光者にどのような変化をもたらしたであろうか。観光者数は，放送年度前年の 2010 年度の観光者数が 329 万人であったのに対し，放送のあった 2011 年度は 425 万人と，前年度の 1.3 倍に増加した（図 7–3）。四半期別にみると，放送が開始されていない第 1 四半期以外に 1.2 倍から 1.5 倍の増加率となっていることから，『おひさま』の放送効果が如

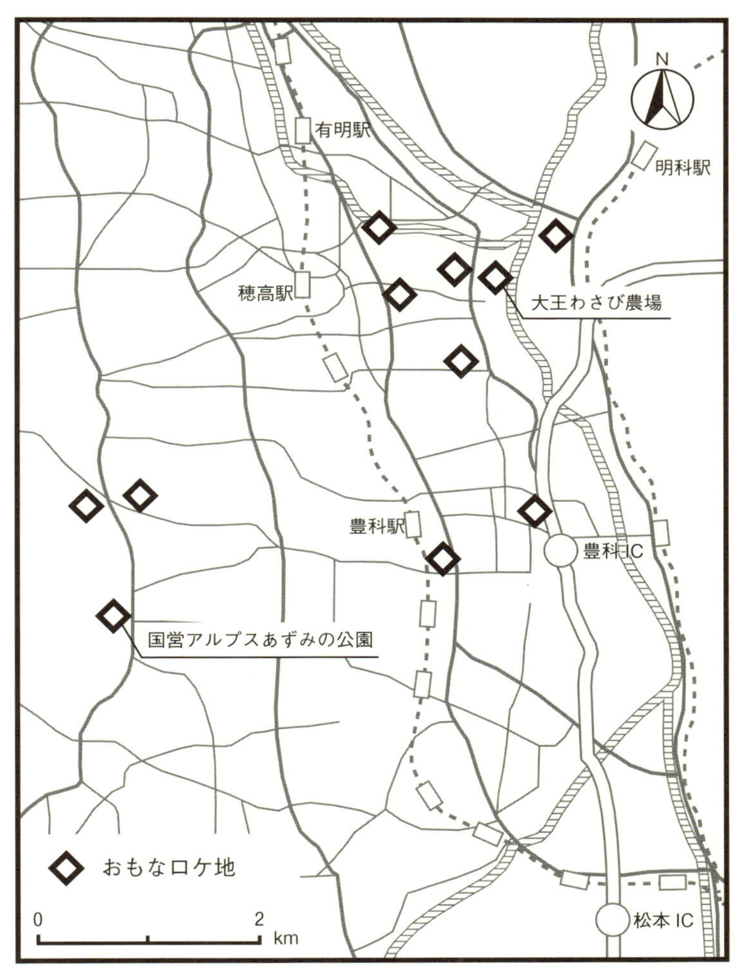

図7-1　『おひさま』で使用された安曇野市内のおもなロケ地
（全国ロケ地ガイド 2011.『全国ロケ地ガイド』をもとに作成）

実に現れたといえる。ただし，放送翌年度の2012年度の観光者数は367万人と放送年度以前よりも多いものの，放送年度の0.9倍に減少した。

『おひさま』放送時に来訪した観光者がもつ安曇野市に対する意識はどのようなものであったのだろうか。筆者らは『おひさま』放送効果を把握するため

図 7-2　大王わさび農場内にある『おひさま』ロケ地
（2015 年筆者撮影）

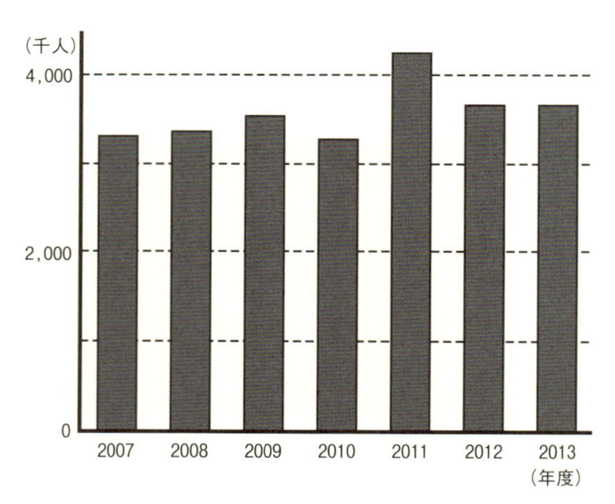

図 7-3　安曇野市における観光者数の推移（2007–2013 年度）
（『2013 安曇野市の統計―平成 25 年度版』および『平成 25 年観光地利用者統計調査結果』（安曇野市, 2013a；b）をもとに作成）

に，現地において観光客へのアンケート調査とインタビュー調査を行った。アンケート調査は 2011 年 7 月 15 日から 7 月 30 日まで，インタビュー調査は 2011 年 7 月 14 日と『おひさま』の放送中に実施した。アンケート調査は，安曇野市に立地する 5 つの飲食店において留め置き・自己回答方式で行った。おもな質問項目は，旅行動機に関するもの（安曇野市を知ったきっかけについて）と旅行行程（旅行日数など）である。加えて，観光客の意識をより柔軟性をもって把握するために，インタビュー調査も行った。インタビュー調査は大王わさび農場の出入口付近で行い，おもなインタビュー内容は先のアンケート調査の質問項目に加え，同伴者，旅行形態，居住地，旅行目的，『おひさま』視聴経験，安曇野市のイメージと印象，についてである。アンケート調査の有効回答数は41件，インタビュー調査数は24組（10歳代から70歳代）であった。

調査の結果，安曇市への観光者のほとんどが『おひさま』を知っており，観光者の半数はほぼ毎日ドラマを視聴していた。また，「『おひさま』の舞台だからロケ地めぐりをしたくなった」という直接的な効果を発言した観光者や，「『おひさま』で安曇野を知った」という観光者も，少なからず存在した。このことからも，『おひさま』放送が観光者を安曇野市に呼び込んだことがわかる。

ただし，観光者へのインタビュー調査では，安曇野市への訪問目的として「避暑地」という回答がもっとも多かったことも付記しておきたい。具体的には，「きれいな田園風景」や「北アルプスの景観」「夏でも冷涼な気候を堪能できる避暑地」といった安曇野市のイメージを挙げる観光者が多かった。これらは，『おひさま』放送以前から観光者に広く認識されている安曇野市のイメージである。このことは，『おひさま』自体が安曇野市への既存イメージを活用した描写やストーリーを展開していたために，『おひさま』を視聴することで観光者が安曇野市に新たな地域イメージを抱いたというわけではなく，従来からの安曇野市のイメージを想起させ，それが安曇野市来訪の動機につながったと考えられる。

放送当時の安曇野市における観光者の行動をみると，多くが日帰りあるいは1泊2日という旅程であった。また，信州・松本地域の旅行の一環で安曇野市に立ち寄る，という回答が多かった。たとえば，ある者は日本アルプスの風景の写生を来訪目的としていた。また，安曇野市でそばを食べてから，松本城（松本市）や善光寺（長野市）を見学するという観光者も存在した。こうした行動パターンは，『おひさま』放送以前のものと大きな違いはみられなかった。つまり，『おひさま』放送を契機に訪れた観光者は，これまでにない新たな観光行動をとるというわけではなく，これまでと同じ観光行動を行うかたちとなっている。

『おひさま』放送と観光者の関係をまとめると，以下のようになる。まず，放送を契機とした観光者数の増加を指摘できる。これについて，安曇野市の場合は，先述した他地域の例と比べて高い増加率であった。しかし，『おひさま』の放送によって観光者に安曇野市の新たなイメージを想起させたかというと，その影響はほとんどみられなかった。このことは，『おひさま』のストーリーが安曇野市の自然・風景を活かしたものであったためと考えられる。加えて，観光者の行動パターンも，放送以前の観光者のそれと大きな変化はなかった。このことは，既存の地域イメージを活用したストーリーに加え，地方自治体等が『おひさま』放送に合わせて観光施設等を整備しなかったことが影響していると考えられる。

3）『おひさま』放送への地域的対応

『おひさま』放送に際し，安曇野市では「おひさま」推進協議会（以下，協議会）が2010年11月に設立された。協議会は安曇野市と商工会，観光協会を中心に設立された組織であり，『おひさま』に関する公的な取組みはこの組織が統括した。協議会が実施した取組みは，広告物の作成と掲示，そばマップの作成，おひさま御膳の作成と提供，本わさびを利用した料理開発，ウォーキングマップの作成，ロケ地周辺の環境整備，観光周遊バスの充実，ボランティアガイドの育成・整備などであった（安曇野市商工観光部，2012）。

一方，安曇野市では，博物館等の観光施設が新たに建設されることはなかった。それは，『おひさま』が安曇野市の歴史に由来するドラマでなかったためと推察される。脚本がオリジナルに創作されることの多いNHK連続テレビ小説は，史実にもとづいたストーリーが展開される大河ドラマと比べて，ロケ地となった地方自治体等にとって，史実やそれにもとづくストーリーを追体験するのに必要な施設を整備する必要性が低いと考えられる。

ただし，『おひさま』放送時に地域の景観に変化がまったくなかったわけではない。筆者らは安曇野市中心部における広告物の掲示に着目し，それらの設置状況を調査した。『おひさま』放送を契機に作成された広告物としては，ポスターと幟型懸垂幕，街灯型懸垂幕の三つがある。それらの広告物は，『おひさま』放送時にどこに配置され，安曇野市の景観にどのような影響を与えたのであろうか。調査の結果，ほとんどの広告物は穂高駅周辺の市街地に集まっており，市街地を外れた住宅街や水田地帯にはほとんどみられなかった（図7–4）。

広告物の集中していたJR穂高駅周辺では，幟型懸垂幕は市役所や郵便局，観光協会などに集中して設置されていた。ポスターも幟型懸垂幕と同様に，これらの施設に多かったが，こちらは個人経営の商店や観光スポットなどにも比較的多く掲示されていた。一方，街灯型懸垂幕は他の広告物よりも広い範囲に分布しており，特に駅周辺の大通りに集中していた。広告物はその種類によって用途や作成数も異なる。目立ちやすい幟型懸垂幕や街灯型懸垂幕はポスターに比べ高価なことから，比較的広い敷地をもつ公共施設や大通りを覆うように掲示されたと考えられる。これらの広告物によって，「安曇野市＝『おひさま』の舞台」という関係が想起させられる状況となっていた。

しかしながら，先に述べたように，これらの広告物はJR穂高駅周辺のみにみられ，安曇野市全体からみると局所的であった。すなわち，『おひさま』の放送が安曇野市全体の景観に大きな影響を与えたとはいえない。このことは，『おひさま』を活用する協議会の方針として，多額の投資を行う施設整備よりも，『おひさま』放送を通じて，市民に地域の資源やその魅力を見つめ直してもらうことを重視したためだと考えられる。また，『おひさま』の各シーンで映し出される安曇野市の風景が，山岳と田園，透き通った水といった自然資源であったことも要因の一つといえる。

広告物掲示の他に，『おひさま』放送に対応した安曇野市の取組みとして，郷土食の宣伝と開発が挙げられる。その一つが「そばマップ」の作成である。このマップは，安曇野市商工会に加盟する飲食店が設立した「安曇野はそばの郷振興委員会」が作成したものである。このマップは，『おひさま』のヒロインがそば屋を経営するというストーリーにちなんで作成され，観光者にそば屋への利用を薦めることと，安曇野市の郷土食としてのそばをPRすることが意図された。最終的には，このマップには，安曇野市内のそば屋58店が掲載され，10万部が観光者に配布された。

郷土食に関するもう一つの取組みとして，「おひさま御膳」の開発が挙げられる。「おひさま御膳」は，そばを含めた安曇野市の食材を使用することを条件に指定された御膳メニューであり（図7–5），条件を満たした御膳メニューを開発すると，その飲食店が「おひさま御膳」と銘打って販売できる仕組みとな

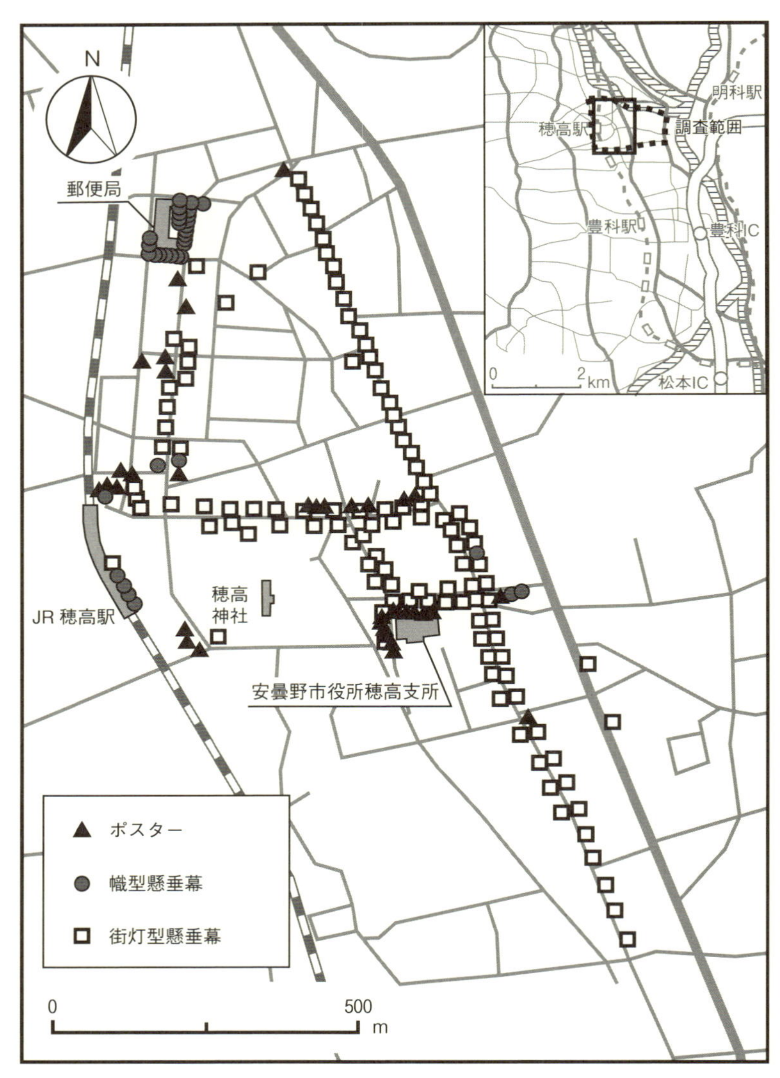

図 7–4　安曇野市中心部における『おひさま』関連掲示物の場所
（現地調査（2011 年 7 月）をもとに作成）

図 7–5　「おひさま御膳」の例
（2011 年筆者撮影）

っている。この取組みは安曇野市商工会の観光特産飲食部会を中心に実施されたもので，安曇野市内の 55 店舗が参加し，参加店舗やメニューを紹介する「おひさま御膳マップ」も発行された。ただ，各店舗の「おひさま御膳」プロジェクトへの参加動機を調査すると，安曇野市の振興に貢献するために積極的に取り組んだと回答する店舗がみられる一方で，商工会からの呼びかけに儀礼的に応じて参加しただけと回答する消極的な店舗がみられたのも事実である。そうした事情があったにせよ，『おひさま』放送時の「おひさま御膳」の売れ行きはほとんどの店舗で好調であった。そのため，放送終了後も「おひさま御膳」の販売を継続させたいと考える店舗も多く存在した。売上げに「おひさま御膳」効果があまり現れていない飲食店も，「もっと安曇野のことを知って」もらうために「御膳の食材について直接お客さんに説明し，わかりやすい資料を作りたい」と，今後の取組みに意欲をみせるところも存在した。また，「この取組みで安曇野市にも地域振興に熱心な人々が少なくないことがわかった」という回答も得られた。

以上から，『おひさま』の放送が安曇野市の景観と地域振興に与えた影響として，次のことが指摘できる。景観については，脚本が史実と関係ないフィクションであること，脚本に描かれた風景が自然資源を中心としたこと，協議会が『おひさま』放送を契機とした地域資源とその魅力に対する住民の関心向上に重点をおいたことから，観光施設等が整備されることもなく，大きくは変化しなかった。一方，地域振興への影響については，郷土食に関する商工会等の取組みを例にみると，以下の点が挙げられる。まず，マップ作成・配布の取組みを通じて，安曇野市の郷土食である「そば」をアピールすることができた。加えて，郷土の食材を活用した新たなメニュー「おひさま御膳」が開発，提供された。そして，これらの取組みは，商工会や各店舗等の安曇野市への愛着と地域振興への熱意を高める契機となった。

3　地域はテレビドラマとどのようにかかわるべきか

フィルムツーリズムは決して新しいものではない。しかし，メディアと観光に関する報告や論文の数が増加し，その実態等に関する情報共有が進んだのは21世紀に入ってからである。それらの研究を通じて，観光者数の変化をはじめとするフィルムツーリズムの実態が明らかにされ，それ以前にみられた地方自治体等からのフィルムツーリズムに対する過剰な期待は落ち着きをみせるようになってきた。たとえば，テレビドラマの放送は観光者数を増加させるために有効であるが，そのほとんどが一過性となってしまうことは，現在では多くの地方自治体の共通認識となっている。

本章では，観光客数は一時的に増加するが一過性となるケースが多いこと，ドラマの内容によって観光地のイメージが形成されること，同じくドラマの内容によって観光者の行動パターンが異なることなど，既存研究をもとに，フィルムツーリズムがロケ地にもたらす影響を指摘した。また，フィルムツーリズムが経済効果を生じさせること，ロケ地側がそれをより多く得るための取組みを行っていること，住民意識にも変化が生じることも指摘した。これらの点は，ロケ地の地方自治体や経済団体等がテレビドラマ放送を契機とした地域・観光振興に取り組む上でのイロハとしておさえておくべきものといえよう。

ただし，具体的な対応方法については，メディアの種類や作品の内容，地域の状況などによって異なるため，一般解を直ちに得られるものではない。しかし，少なくともテレビドラマ等の放送決定に際し，地域はその活用方針を定めておく必要がある。地域振興に携わる人材や組織の数，それに投入できる財源に制約のあるロケ地の地方自治体や商工団体などにおいて，テレビドラマの放送に際して実行できる地域振興策が限られているのも事実であろう。そうした状況下では，フィルムツーリズムを推進するにあたって，あらかじめ何に重きをおいて取組みを推進するかを地域において合意，決定しておくことが肝要となる。その点において，安曇野市の事例は多くの示唆を与えてくれる。具体的には，『おひさま』の放送を，新たな地域イメージの創出やそれによる新たな観光者層の獲得につなげるというよりも，既存の地域イメージを発信したり，住民や事業者が地域の資源とその魅力を再発見し地域への愛着を深めたりする機会として活用している。すなわち安曇野市は，フィルムツーリズムを展開するにあたり，既存の地域イメージの活用・強化，地域資源とその魅力の再発見・再評価に重きをおいていたといえる。

安曇野市がこうした“地に足のついた”対応を選択できたのは，過去にもテレビドラマのロケ地となった経験があることと，地方自治体等が地域の実情を的確に把握していたことが，その主たる要因と考えられる。筆者が安曇野市の観光振興担当者を対象に行ったインタビュー調査では，担当者のフィルムツーリズムに関する幅広い知識，地域資源とその魅力に対する的確な認識，住民や事業者による地域振興への意識やその実態の十分な把握を示唆された。このことから，地方自治体等がフィルムツーリズムを推進するにあたっては，フィルムツーリズムに関する幅広い知識をもつとともに，地域の資源とその魅力，地域振興への住民意識やその実態を的確に把握し，それらを活かすかたちで取組みを推進することの重要性が理解できよう。

【文　　献】

安曇野市（2013a）．2013 安曇野市の統計―平成 25 年度版

安曇野市（2013b）．平成 25 年観光地利用者統計調査結果

安曇野市商工観光部（2012）．連続テレビ小説「おひさま」の舞台・ロケ地としての取り組み　信州自治研 **240**, 2–7.

アーリ，J.・ラースン，J.／加太宏邦［訳］（2014）．観光のまなざし　増補改訂版　法政大学出版局

石森秀三（1997）．観光革命と 20 世紀　石森秀三［編］観光の 20 世紀　ドメス出版，pp.11–26.

江口祐美・渡邉誠介（2012）．南魚沼市坂戸区まちづくり大河ドラマの影響　日本観光研究学会全国大会学術論文集 **27**, 317–320.

岡本　健（2010）．コンテンツ・インデュースト・ツーリズム―コンテンツから考える情報社会の旅行行動　コンテンツ文化史研究 **3**, 48–68.

呉羽正昭（2009）．中信地域　斎藤　功・石井英也・岩田修二［編］日本の地誌　首都圏Ⅱ　朝倉書店, pp.393–410.

黒田明良（2010）．松山観光客の 4 人に 1 人がドラマの影響を受けていた―NHK スペシャルドラマ「坂の上の雲」放映に関する第 3 回アンケート結果　IRC 調査月報 **264**, 12–17.

全国ロケ地ガイド〈http://loca.ash.jp/（最終閲覧日：2011 年 12 月 2 日）〉

棚田久美子（2013）．キャンペーン事業から見えてくる廿日市市観光施策の今後の方向性　季刊中国総研 **62**, 9–20.

中村　哲（2003）．観光におけるマスメディアの影響―映像媒体を中心に　前田　勇［編］21 世紀の観光学　学文社, pp.83–100.

中村容子（2011）．NHK 大河ドラマを契機とした高知市の観光の取り組み　観光学論集 **6**, 91–99.

中谷哲弥（2010）．フィルム・ツーリズムにおける「観光地イメージ」の構築と観光経験　遠藤英樹・堀野正人［編著］観光社会学のアクチュアリティ　晃洋書房, pp.125–144.

日本放送協会（2011）．脚本・岡田恵和×おひさま〈http://www9.nhk.or.jp/ohisama/special/okada/page03.html.（最終閲覧日：2011 年 6 月 1 日）〉

野﨑光生・寺沢直樹（2008）．NHK 大河ドラマ「風林火山」が与えた長野県観光への影響―経済波及効果と地域振興気運の高まり　経済月報 **290**, 20–25.

野邉幸昌（2011）．大河ドラマと観光―その②「龍馬伝」後　ながさき経済 **260**, 21–25.

深見　聡（2009）．大河ドラマ『篤姫』効果と観光形態に関する一考察　地域環境研究 **1**, 57–64.

森岡隆司（2013）．NHK 大河ドラマ「平清盛」放映が広島県に及ぼす経済効果　季刊中国総研 **62**, 21–31.

山村高淑（2009）．観光革命と 21 世紀―アニメ聖地巡礼型まちづくりに見るツーリズムの現代的意義と可能性　北海道大学観光学高等研究センター　メディアコンテンツとツーリズム―鷲宮町の経験から考える文化創造型交流の可能性　北海道大学観光学高等研究センター, pp.3–28.

Butler, R. W. (1990). The influence of the media in shaping international tourist patterns. *Tourism Recreation Research*, **15**(2), 46–55.

第8章
地方における映画文化の育成と活用
映画祭・フィルムコミッション・映画館の連携

映像コンテンツを活用した地域振興に注目が集まっている。しかし，関連産業の立地は東京に一極集中しており，地方においてそうした取組みを行うことは容易ではない。このような中にあって，山形県では四半世紀の伝統を有し，国際的にも評価の高い山形国際ドキュメンタリー映画祭を核とした取組みが行われている。また，フィルムコミッションや庄内映画村が立ち上げられたことにより，映画の制作と上映の場がリンクする相乗効果が現れている。山形県では，映画を単なるロケ地観光客の誘致のみならず，郷土文化の発信や他地域との文化交流のために活用する土壌が形成されつつある。地方において映画コンテンツを利用した地域振興は可能なのだろうか。それが可能であるとして，どのような方策があるのだろうか。本章では，このような疑問に答えるべく，地方における映画を通した地域振興の最新動向を，山形国際ドキュメンタリー映画祭をはじめとした山形県の取組みを軸に明らかにする。

山形国際ドキュメンタリー映画祭の来日監督（2005年10月筆者撮影）

1 日本の映画祭

世界三大映画祭といえば，フランス・カンヌ，ドイツ・ベルリン，イタリア・ヴェネチアの映画祭が挙げられる。これらの国際映画祭は第2次世界大戦の前，もしくは戦後まもなくスタートし，長い歴史と伝統を誇っている。

映画祭の役割の一つは，コンペティション部門で芸術性を競い合うことであり，グランプリを得た作品は国内外で広く上映されることになる。もう一つはマーケットとしての役割であり，世界中の映画配給会社から買い付けてもらう場でもある。コンペティションとマーケットの評価が高い国際映画祭には，世界各国の新作映画が集まり，世界初上映（ワールド・プレミア）の場として活用される。たとえば，東アジアでは「上海国際映画祭」と「東京国際映画祭」がコンペティション部門のある長編映画祭として国際映画製作者連盟から公認されている。

日本の映画祭をみると，現在も続いている映画祭の中でもっとも歴史が古いのは大分県の「湯布院映画祭」である。この映画祭は湯布院温泉への集客促進を兼ねて1976年に始まったもので，日本映画を上映対象としている。メイン会場となる由布市中央公民館はそれほど広くなく，ゲストの監督や俳優との距離が近いアットホームな映画祭となっている。一方，予算規模と観客動員数が最大の映画祭は「東京国際映画祭」で，1985年に始まった。2012年の予算は約7億円で，そのうち公的助成は約35%である。2012年の観客動員数は約10万6千人であった。この映画祭のマーケット部門であるTIFFCOMが始まったのは2004年である。

コミュニティシネマ支援センター（2008）によれば，日本で予算規模が5,000万円以上の映画祭は8つある。そのうち1億円を超えるものは，「東京国際映画祭」と「山形国際ドキュメンタリー映画祭」（以下，山ドキュ），「ショートショートフィルムフェスティバル&アジア」（東京），「アジアフォーカス福岡国際映画祭」の4つである。2014年に開催された映画祭は全国に約90ある[1)]が，これらの映画祭のほとんどが5,000万円未満の少額予算で運営されている。

このうち本章では，地方都市で開催される映画祭として国際的にも一定の知

図 8–1　ゆうばりファンタのメイン会場
（2013 年２月筆者撮影）

名度を獲得するまでに成長している山ドキュを取り上げる。山ドキュの開催経緯と地域での映画文化のありようを紹介するとともに，山形県における映画文化の発展の経緯と将来像について指摘する。また本章の後半では，山ドキュと同様に，地方発の映画祭として回数を重ねてきた「ゆうばり国際ファンタスティック映画祭」（以下，ゆうばりファンタ）（図 8–1）と，韓国の地方都市で開催される「釜山国際映画祭」について紹介する。

山ドキュとゆうばりファンタはいずれも，1989 年度に交付された「ふるさと創生資金」を財源に始まったものであり，それ以降も予算規模１億円，観客動員数２万人を維持してきた。一方，釜山国際映画祭をはじめとして，韓国の地方都市には，大規模な予算が組まれ，国際的に知名度の高い映画祭がいくつか存在する。そのため，これら映画祭の近年の動向を知ることは，山ドキュをはじめとした日本における地方映画祭の今後を考える上で有用な示唆を得られるものと考えられる。

1）山ドキュ公式サイトからのリンクによる。ここには，国内外の映画祭のうち，公式サイトをもつ映画祭が開催月別に掲載されている。

2　山形国際ドキュメンタリー映画祭の概要

1）映画祭の歴史

山ドキュは，1989年の山形市市制百周年記念事業として，ドキュメンタリー映画監督の小川紳介をディレクターに迎えてスタートした[2)]。第1回映画祭の開催当時，アジアでは民主化が十分に進展していない国も少なからずあり，第1回映画祭にはアジア諸国からの作品応募がほとんどなかった。そこで，アジアの新人監督養成に力点をおく取組みがなされた。その一つが，小川の呼びかけで集まったアジア各国の監督による「アジアの映画作家は発言する」と題した討論会である。

小川監督は，第2回映画祭後の1992年に他界した。しかし，アジア諸国でドキュメンタリー映画監督を養成しようという彼の遺志は，その後，アジア諸国の新人監督のコンペティション「アジア千波万波」部門として確立され，今日まで引き継がれている。この部門の受賞者の中には，日本の河瀬直美監督や韓国のビョン・ヨンジュ監督，タイのアピチャッポン監督など，世界的に著名な監督となった者も少なくない。

山ドキュの転機はこれまで二度あった。最初は，運営主体がNPO法人に移行した2007年である。山ドキュは山形市の記念事業としてスタートしたこともあって，それ以前の映画祭事務局は市役所内におかれ，事務局員の人件費も市が負担していた。運営主体がNPO法人となったことで，事務局も市役所の外におかれることとなった。NPO法人化の背景には，山形市が財政負担を軽減するねらいがあった。また，映画祭事務局サイドとして，いわゆる「在日」特集を企画した際に企画タイトルの変更を迫られた経緯を踏まえ，みずから企画を自由に立案できる体制を構築するねらいがあった。NPO法人化の経緯については，第1回山ドキュの公式記録映画『映画の都』を制作した飯塚俊男監督（小川監督の弟子）の手がけた『映画の都ふたたび』（2007年）に詳しく描

2）小川監督は1974年以来，上山市牧野集落の空き家にプロダクションのスタッフとともに住み込んで，農村を主題とする映像制作に取り組んでいた（木村，2010）。その代表作として，『ニッポン国古屋敷村』および『1000年刻みの日時計―牧野村物語』がある。

かれている。

二度目の転機は東日本大震災が発生した2011年である。この年は，3月に発生した東日本大震災の影響で，開催準備の遅れや，海外からの応募作品の集まりなど多くの不安材料があった。準備段階から運営の困難が想定されていたが，海外からのゲストに欠席者が目立ったものの，映画祭そのものは大きな問題もなく終えることができた。この年の目玉プログラムが，東日本大震災復興支援上映プロジェクト「ともにある　Cinema with Us」である。この特集上映では，震災の現場に入った映画監督や，被災地での救援活動を続ける人々によって撮影された29本の作品が上映された[3)]。その選考は映画祭の直前まで続けられ，プログラムのチラシが上映開始日に映画祭本部へ届けられたほどであった。また，映画監督3人のインタビューが山ドキュ公式サイトで公開された。この特集上映については，映画の質が玉石混合と批判されたが，震災現場で撮影された最新映像を集めて上映した関係者の努力は高く評価され，コミュニティシネマ賞を受賞し，その後に各地で巡回上映がなされた（岩鼻，2012a)。2013年の山ドキュにおいても，この特集上映を継続することになり，映画祭事務局の主催する上映会が映画祭のプレ企画として2013年3月に山形市内で開かれた。同年10月の映画祭においても，「ともにある Cinema with Us 2013」と題した特集上映が行われ，15本の作品が上映された。このうち，13作品の監督インタビューが山ドキュ公式サイトで公開された。上映作品の内容も多岐にわたり，震災被害とその後の被災地の実態を描いたものが多くみられた（岩鼻，2014a)。

なお，山ドキュの上映会場は，山形市内の映画館の立地変化を受けるかたちで，途中から変更となった。当初は，中央公民館と市民会館などの公共施設に加えて，市内中心部の映画館が上映会場として使われてきた。しかし，城下町時代以来の中心商店街である七日町の映画館通りから映画館が消滅すると，JR山形駅近くのシネマコンプレックス（以下，シネコン）が上映会場として使われるようになった。

3）筆者は山ドキュのボランティアを務めていたことなどもあって，この特集上映は一部しか鑑賞できなかった。しかし，会場は熱気に満ち，上映前には長蛇の列ができ，満席で入場できないこともあった。

2）ゲストとの交流とボランティアの役割

映画館が映画を日常的に上映する場であるのに対して，映画祭は非日常的な祝祭の場である。映画館で観客が眼前にするのはスクリーンに上映される映画のみである。それに対して映画祭は，映画作家である監督や俳優がゲストとして上映会場に来場することが慣行となっており，これらゲストと観客の間に対話があることが特徴の一つとなっている。

東京国際映画祭のような大きな映画祭では，一般の観客が有名ゲストと接近できるような機会はほとんどない。他方で，山ドキュのような地方映画祭では，観客は普段は接することのないゲストと距離が近く，直接に声を聴いたり，話したりするなど貴重な経験を得ることができる。山ドキュでは第2回以降，メイン会場の近くに立地する飲食店「香味庵」が，ゲストと観客の交流の場として開放されている。ここは，海外から来たゲストと映画制作を志す日本の若者や観客が映画をめぐる熱い議論を交わす場となっている。深夜まで続くここでの交流を支えているのは，映画祭のボランティアスタッフである。

また，海外からのゲストや県外からの観客に対応するには，事務局だけでは人手が足りない。これらの対応も多くのボランティアスタッフによってなされている。ボランティアスタッフの人数は約300人にのぼる。彼らの多くは山形市民であるが，首都圏や関西からも少なくない人数が山形市を訪れ，長期に滞在して山ドキュの運営をサポートしている。留学生を含めた大学生などの若いボランティアが多い。海外ゲストとのふれあいは，彼らボランティアスタッフにとっても異文化体験の貴重な機会になっている。また，映画祭期間以外にも花見や芋煮会が行われるなど，ボランティアどうしの交流は継続的に行われている。

このほか，海外からのゲストを案内する外国語ボランティアも山ドキュでは重要な役割を果たしている。山ドキュでは留学生や外国人花嫁などがその役割を担っている。期間中に発行されるデイリーニュースの担当ボランティアも数十人いる。監督インタビューや上映情報などを英訳付きで掲載する紙面が編集・発行され，映画祭終了後に刊行される記録集にも収録されている。公式カタログに加えて，このような記録集を毎回刊行してきたことも，山ドキュが映画研究者などから高く評価されるようになった一因である。

3）地域発信映画の制作

山ドキュは，国内外の映画関係者から高く評価されるようになった一方で，山形市民の参加・鑑賞が少ないことが課題であった。そこで，2007 年の山ドキュでは，「やまがたと映画」と題した特集が企画された。そこでは，劇映画を含む山形県にまつわる過去の映画が上映され，山形市民の人気を集めた。この特集は，それ以降も続けられてきたが，過去の映像記録だけでなく，現在の山形を描いた映像を紹介する映画の制作が試みられた。

山ドキュ関係者はドキュメンタリー映画を募集・上映する映画祭を実行するだけではなく，こうした映画制作にも携わっている。彼らの制作した作品は，ドキュメンタリー長編映画『よみがえりのレシピ』である（岩鼻, 2010)。この作品は 2011 年 10 月に開催された第 12 回山ドキュで上映された。その後は，香港国際映画祭などの海外の映画祭で上映されるとともに，日本各地のミニシアターや自主上映会で息の長い上映活動を続け，全国各地の約 300 カ所で上映され，延べ３万５千人を超える観客を動員した。

この作品の監督は，鶴岡市出身で東北芸術工科大学を卒業した渡辺智史である。渡辺監督は，前述の 2007 年の山ドキュで上映された『映画の都ふたたび』で撮影を担当し，2009 年の山ドキュで上映された『湯の里ひじおり―学校のある最後の一年』で監督デビューを果たした。この映画は，最上郡大蔵村を中心に製作委員会が組織されたために，制作支援と宣伝に地理的な広がりを欠いたところもあった。そこで第２作となる『よみがえりのレシピ』では，山ドキュ事務局も応援するかたちで山形市内に製作委員会を組織し，山形市民にも出資を呼びかけるなど，制作資金の確保にも努めた。この作品は，山形県内で伝統的に栽培されてきた在来種の野菜とその種を継承してきた農家の人々の努力や生き方に光を当てている。彼らの種の保存と料理創作の努力を紹介しながら，在来作物に新たな可能性を見出そうとする試みを映像化したものである。

撮影に際し，在来種の野菜については，山形大学農学部の研究者が組織する在来作物研究会から知識提供の協力を得た。また，庄内地方のイタリアン・レストランのシェフである奥田政行と共同で新たなメニューを開発した。また製作委員会は，2010 年７月に山形市内で渡辺監督と在来作物研究会の江頭代表，奥田シェフによる座談会と，渡辺監督のかかわった映画の上映会を開催した。

同年9月には料理教室を開催するなど，上映に向けて幅広い宣伝を行った。映画祭での上映後には，県内各地での上映会も開かれた。

3 山形県における映画を通した観光・地域振興

1）山形県のフィルムコミッション

日本では，21世紀に入り，全国各地でフィルムコミッションが設立された。山形フィルムコミッションは，2005年度に山形市観光商工課内に設置された。山形県内では，フィルムコミッションが設立される以前から，恩地日出夫監督や斎藤耕一監督の作品のロケが行われ，エキストラの動員や飲食の提供などのロケ支援のノウハウが蓄積されていた。フィルムコミッション設立後は，山形国際ムービーフェスティバルのスカラシップ作品や，時代劇作家の故・藤沢周平原作の『小川の辺』（2011年）に続き，2014年夏に公開された時代劇映画『超高速！　参勤交代』と『るろうに剣心　京都大火編』のロケをサポートしており，フィルムコミッションとして積極的に活動している[4)]。

また山形県南部の置賜地方では，山形おきたまフィルムコミッションが2007年に設立され，NHK大河ドラマ『天地人』（2009年）の撮影に協力するなど，積極的にロケ誘致・支援活動を展開している。また，当地で長期ロケが行われた『スウィングガールズ』（2004年）では，ストーリーの中で山形鉄道フラワー長井線が重要な役割を果たしているが，映画がヒットしたことで観光客数が増加し，「スウィングガールズ号」と名づけられた臨時列車も運行され，観光客から人気を得た（岩鼻，2012b）。

2）庄内地方と庄内映画村

図8-2は，近年の映画作品における山形県内の主要ロケ地を示したものであ

4）海外のフィルムコミッションでは，戻し税などの優遇措置が一般的である。他方，日本では税金の免除は困難なために，エキストラが無償であることがインセンティブの1つになっている。その一例として，山形フィルムコミッションは各作品のロケにボランティアのエキストラを集め，『小川の辺』では県知事と山形市長がエキストラ出演して話題となった。

る。日本海に面した庄内地方では，故・藤沢周平の出身地ということもあって，藤沢作品『蝉しぐれ』が映画化されるに当たり，そのロケが2005年に行われた。その際に同地方の羽黒町（現・鶴岡市）に建てられた武家屋敷ロケセットは保存されることになり，その管理主体として庄内映画村が設立された。庄内映画村ではそれ以降，映画ロケが活発に行われている。そのうち『夏がはじまる』と『乙女のレシピ』，『くらげとあの娘』は，地域の映画文化の形成と映画人の育成を目的として，庄内キネマ製作委員会が当地を舞台に低予算で製作した映

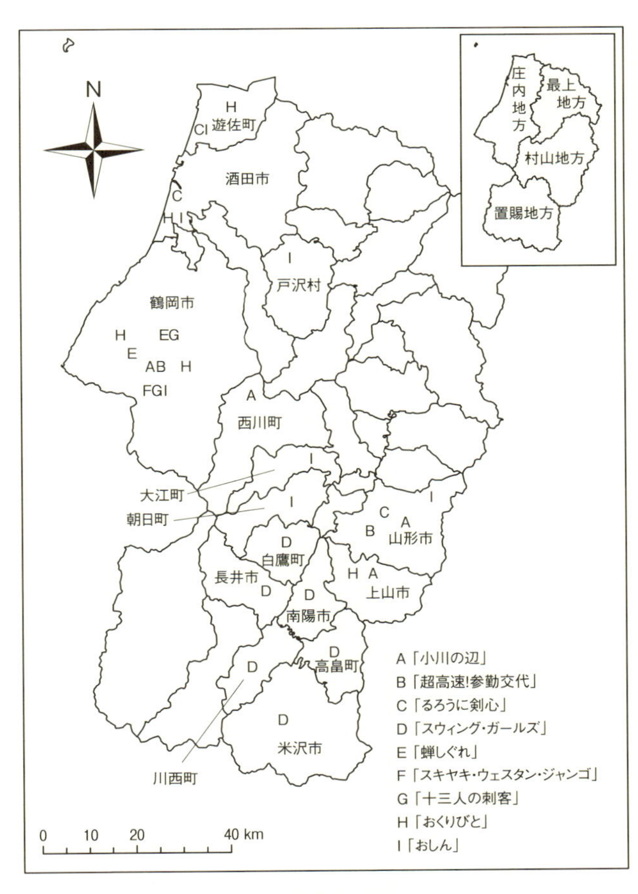

図8–2　山形県内の主要ロケ地
（庄内ロケ地データベースおよび各映画公式サイトをもとに作成）

画であり，キャストやスタッフにも地域住民や出身者が多く携わっている。

また庄内映画村は，関連会社が所有するロケセットに映画ロケを誘致し，ロケ使用後にそれを一般公開して観光客を集めている。武家屋敷セットに加え，月山山麓の石倉地区にも広大なオープンセット（以下，石倉セット）が開設されている。石倉セットは，ソニーピクチャーズの配給作品で全編英語のセリフを用いた『スキヤキ・ウエスタン　ジャンゴ』（2007年）のロケに使用された。また，大格闘シーンがロケされた『十三人の刺客』（2010年）がヒットし，ヴェネチィア国際映画祭でも上映された。なお石倉セットの経営は，2014年に庄内映画村から映画制作会社スタジオセディックへ移管された。この運営会社は，山形でプロの俳優や脚本家，映画スタッフなど，映画に必要な人材を長期的に育成する実践的なシネマスクールを開始するなど，地方における映画文化のトータルな育成に向けて歩み出している。

ところで，2011年の東日本大震災が東北観光に与えたダメージは甚大であり，庄内映画村も例外ではなかった。2010年には10万人を超えた庄内映画村の入場者数も2011年には大幅に減少した。その打開策として，1980年代に大ヒットしたテレビドラマ『おしん』のリメイク映画（2013年）が企画され，庄内地方をはじめ山形県内でロケが行われた。完成した作品は中国の映画祭でグランプリを獲得した。この成功を受けて，2013年からは大型時代劇のロケが行われるようになり，2014年公開の『超高速！　参勤交代』と『るろうに剣心京都大火編・伝説の最期編』はいずれも人気を集めた[5)]。

ロケ映画のヒットにより，庄内地方への経済波及効果もみられた。たとえば，『おくりびと』（2008年）がアカデミー賞外国語映画部門のオスカーを受賞すると，葬儀屋事務所として設定された酒田市内の旧料亭では，2009年の内部公開以降しばらくは，訪問する観光客が後を絶たなかったという（岩鼻, 2012b）。

このように，山形県では映画祭の開催のみならず，フィルムコミッションを通じたロケ誘致とロケ地を活用した観光振興の取組みがなされている。これらの取組みは，山形県における映画文化の育成に貢献してきたといえよう。2014

5）2014年現在で公開済みの作品のみ。庄内映画村の公式サイトによる。〈http://www.s-eigamura.jp（最終閲覧日：2014年12月17日）〉

年現在，山形市では「ユネスコ創造都市ネットワーク」（映画部門）への登録を目指している[6)]。この実現が，山形における映画文化のさらなる発展の契機となることが期待される。

4　地方における国際映画祭の動向

1）ゆうばり国際ファンタスティック映画祭と夕張ロケ

ゆうばりファンタは，地方の中小都市で開催されてきた映画祭の中では規模の大きいものであった。しかし，その運営方法は山ドキュのそれとは異なる点もある。

ゆうばりファンタは，フランスのスキーリゾートで行われていた映画祭をモデルに，山ドキュと同じ1989年にスタートした（小松澤，2008）。夕張市の財政破綻にともない，2006年に一旦中止となったが，映画祭復活を望む市民や映画ファンの声が多く，2008年にNPO法人の主催する映画祭として復活した。それにともない，予算規模と上映作品数，開催期間は従来の半分程度となり，観客動員数もほぼ半減した。しかし，人口減少に歯止めをかけることの困難な夕張市に，映画祭期間に定住人口を上回る1万人以上の来場者数があることは，注目に値する。この映画祭は元々，スキー客以外の観光入込客がほとんどみられなかった夕張市において，冬場の観光の目玉として企画されたものであり，その目的は達成したといえよう。

2013年の山ドキュとゆうばりファンタの収支を比較すると，観客からのチケット収入はいずれも約10%であり，それ以外の事業収入を加えても20%前後にすぎない。山ドキュもゆうばりファンタも資金の約80%を，公的補助や財団等からの助成，企業協賛から得ている計算になる。その出資元をみると，山ドキュは山形市および文化庁の芸術文化振興基金からの補助金であるのに対し，ゆうばりファンタは民間企業からの協賛金が中心となっている（表8-1）。この

6）創造都市とは，文化芸術と産業経済との創造性に富んだ都市を指す。日本では，創造都市の取組みを推進する自治体を支援する組織として，「創造都市ネットワーク日本」が2013年に設立され，山形県からは鶴岡市と山形市が参加している。また，鶴岡市は2014年に，「ユネスコ創造都市ネットワーク」の「食文化」分野への加盟が承認された。

表 8-1　山ドキュとゆうばりファンタの収入内訳（2013 年）

（単位：万円）

	事業収入		補助金	協賛金	合　計
		映画祭収入			
山ドキュ	2,892	1,898	12,031	420	15,436
ゆうばりファンタ	1,654	1,118	2,097	2,886	7,641

（山ドキュ『平成 26 年度通常総会議案書』，ゆうばりファンタ『第 7 期決算報告書』をもとに作成）

違いは，映画祭における上映作品の種別の違いにも起因すると推察される。山ドキュでは上映作品の大部分が非商業映画であるため公的補助が中心であるのに対して，ゆうばりファンタでは一定数の商業映画が上映されているため，協賛金および助成が多いと思われる。

また夕張市は，北海道東部でロケが行われた中国映画『狙った恋の落とし方。』（2008 年）が大ヒットし，北海道東部に多くの中国人観光客が来訪したことを受け，中国人スキー客を夕張市へ呼び込もうと，日中合作映画『スイートハート・チョコレート』を制作した。夕張市のスキー場でロケが行われたこの作品は，2013 年初冬に中国で公開されたが，日中関係の悪化もあって大ヒットには及ばず，期待した数のスキー客を誘致することはできなかった。

しかしながら，地方ロケをした映画が興行で十分な結果を得られなかったとしても，地域再生の可能性が否定されるわけではない。『スイートハート・チョコレート』は 2013 年ゆうばりファンタの閉幕作品として上映されたほか，同年夏には光州国際映画祭（韓国）の開幕作品として招待され，グランプリを受賞した。このことから，夕張ロケ映画は，地方都市間の国際文化交流，夕張市の観光宣伝に一定の役割を果たしたとみなせる。

2）韓国の映画祭と映画の都・釜山の登場

韓国の地方都市では，三大映画祭と呼ばれる映画祭がある。それらは 1996 年に始まった「釜山国際映画祭」，ゆうばりファンタをモデルとして 1997 年に始まった「富川国際ファンタスティック映画祭」，2000 年に始まった「全州国際映画祭」である。これらはいずれも一定規模の観客動員があり，国際的な評価も高まっている（図 8-3）。

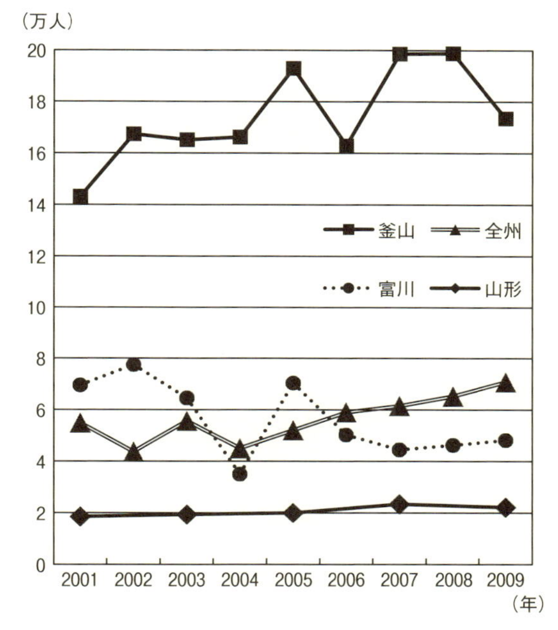

図 8–3　韓国三大映画祭と山ドキュの観客動員数の推移（2001–2009 年）
（富川国際ファンタスティック映画祭組織委員会（2011）をもとに作成）
注：山ドキュは隔年開催。

韓国は 1997 年末にアジア通貨危機にみまわれ，国際通貨基金（IMF）の管理下におかれることとなった。この危機的状況の中で大統領に就任した金大中は，IT 産業や映像産業などのソフトウェア産業を輸出産業として振興する政策を推進した。釜山市はアジア通貨危機の影響を受けた都市の一つであり，それまでの運輸業を中心とした港湾都市からソフトウェア産業や国際会議の誘致などと関連した複合的都市への脱皮が目指された。その一環として，1990 年代末に，釜山市にフィルムコミッションが設立された。大爆発シーンを市街地でロケした映画『リベラ・メ』(2000 年）と，オール釜山ロケの映画『友へ　チング』(2001 年）の大ヒットによって，映画関係者の多くが「釜山に行けばどんなシーンでも撮影可能」と認識するようになり，その後は韓国商業映画のおよそ半数が釜山でロケされるようになった。韓国映画振興委員会（KOFIC）の事務局も，2013 年にソウルから釜山へ順次移転し，釜山は名実ともに「映画の

表 8-2　韓国三大映画祭の予算内訳（2010 年）

（単位：千ウォン）

映画祭	総予算	国　費	道　費	市　費	後援会	協賛金	販売収入
釜　山	10,344,458	1,500,000	5,900,000	20,000	1,821,816	0	1,102,642
全　州	3,234,150	7,000,000	191,000	1,300,000	411,035	320,000	281,015
富　川	2,886,429	450,000	400,000	1,116,520	603,720	0	316,189

（富川国際ファンタスティック映画祭組織委員会（2011）をもとに作成）

都」に成長した。

こうした韓国地方都市における映画ロケの活性化と国際映画祭の急成長の背景には，手厚い公的助成がある。韓国の主要な映画祭では，入場料収入は 10％前後にとどまり，運営資金の半分以上を国や自治体からの助成金が占めている（表 8-2）。

このような公的資金は映画文化施設の整備にも活用されている。釜山では，2011 年の映画祭前に市の支援を受けて専用劇場が整備された。この施設内のオープンステージに巨大な屋根をかけて，天候に左右されることなく，数千人の観客が夜間のイベントを楽しむことができるようになった（図 8-4）。また釜山国際映画祭では，映画祭のメイン会場となる専用劇場に近接してマーケット部門の開催される国際展示場が整備され，釜山国際映画祭におけるアジア映画の新作のワールド・プレミア上映と，その売買が効率的に行われるようになった。その結果，釜山国際フィルムコミッションと映画産業博覧会（BIFCOM）には，アジア各国の映画会社やフィルムコミッションが数多く出展し，アジア最大規模の国際映画祭としての魅力を高めている。

韓国の映画祭には，プロジェクト・ピッチングという企画がある。この企画は，監督やプロデューサーがこれから制作する映画の企画概要を提示して，映画制作への投資を呼びかけるものである。釜山国際映画祭では，2007 年からアジアシネマファンドが始まった。このファンドでは，映画制作への投資のみならず，優れたシナリオの映画化やポスプロへの助成など幅広いサポートが行われ，アジアの新人監督養成に大きく貢献している[7]。また韓国の映画祭では，プロジェクト・マーケットの優秀作品に対して映画祭の主催者が賞金を贈り，映画化をバックアップする体制が存在する。日本の映画祭においても，シナリ

図 8-4　釜山国際映画祭専用劇場「映画の殿堂」
（2012 年 10 月筆者撮影）
注：右端がオープンステージ

オのコンペティションが行われている映画祭もみられるが，今後はより一層このような若手育成の機会が提供されることが望まれる。

5　地方都市における映画文化育成の可能性

本章では，山形県を主たる事例として，映画祭やフィルムコミッション，映画館を通した地域振興の試みを紹介してきた。本節ではそれを踏まえて，地方都市における映画文化の育成方策を提示したい。

山形県の事例が示しているように，映画祭とフィルムコミッションとの連携は，地方における映画文化の育成方策の一つといえよう。日本のフィルムコミッションは，海外のそれとは異なり，映画制作に際して税制上の優遇措置の対象とならないことが多い。そこで，映画制作コストを圧縮するために，ボラン

7）このような新人監督養成の機会は他の韓国の映画祭でもみられる。たとえば，全州国際映画祭では 10 周年にあたる 2009 年から全州プロジェクト・マーケット（JPM）が開かれ，富川国際ファンタスティック映画祭では 2008 年から NAFF（Network of Asian Fantastic Films）の中でプロジェクト・ピッチングが行われている。これらの支援対象はアジア映画全体となっている。

ティアスタッフを動員して，人件費を抑制するケースが多くみられる。地元のボランティアが出演者として多く登場する映画を，その地方の映画祭や映画館で上映すれば，親戚や友人など多数の観客を動員する契機となりうる。

他方で，それらを達成するためには，映画祭や映画ロケを通じた国際的なスケールでの地域間交流も重要である。映画祭の国際的な連携の例として，ゆうばりファンタと韓国の富川国際ファンタスティック映画祭の間で，2006 年に正式な姉妹提携が結ばれた。現在では，互いの映画祭で上映された受賞作品等が交換されて上映されており，日韓の映画を通した貴重な交流の場に発展している。このような機会もまた，地方における映画文化の育成に資することとなろう。

日本の映画祭は，韓国に比べると，公的な財政支援が厚いとはいいがたい。国際映画祭は海外からのゲスト招へいが目玉となる。そのための招へい経費は必要であり，予算規模を縮小することは映画祭の魅力を減退させることになる。しかし日本では，公的な財政支援が縮小する傾向にあり，そのために継続開催が困難となり，開催を断念した映画祭も少なからず存在する。

地方都市で開催される国際映画祭は，外国人ゲストや映画関係者と市民が交流する貴重な文化的機会となっている。映画は，多くの関係者の移動をともなうことなく，ソフトのみの移動で簡単に国境を越えることのできる文化芸術である。ここには，映画祭の開催を通じて地域を振興する上で，国や自治体による財政支援のあり方を検討する余地があろう。国や自治体は，映画祭開催による文化的・社会的・経済的価値を認め，必要な財政支援を行うことが期待される。

本章では十分に言及することはできなかったが，このようなソフト面のみならず，ハードの面でも克服されるべき課題もある。それは，老舗映画館の衰退とデジタル化への対応である。庄内地方では 2001 年に都市郊外の大型商業施設内にシネコンが開業したことにより，酒田市と鶴岡市の中心部から映画館がなくなった。このような状況に際し，鶴岡商工会議所の加盟企業等が映画館「鶴岡まちなかキネマ[8]」を開館させ（岩鼻, 2014b），庄内映画村が撮影支援した作品を積極的に上映している。また，1 スクリーンにつき 1,000 万円ともされるデジタル上映設備の導入は，地方の小規模映画館にとって大きな負担である。公共施設へのデジタル上映設備の設置も，地方財政の悪化もあり，簡単には進められない状況にある。こうしたソフト・ハード両面からの取組みが，地方における映画文化育成のためには必要となってくるであろう。

【文　献】

岩鼻通明（2010）．地方発信映画にみる地方都市再生の試みとその担い手―山形県における映画「よみがえりのレシピ」を事例として　日本科学者会議第 18 回総合学術研究集会予稿集，268–269.

岩鼻通明（2012a）．震災映像と被災地上映　季刊地理学 **64**, 74–75.

岩鼻通明（2012b）．スクリーンツーリズムの効用と限界―「スウィングガールズ」と「おくりびと」を事例に　季刊地理学 **63**, 227–230.

岩鼻通明（2014a）．震災特集上映をめぐる現代民俗―映画祭の観客アンケートを通した試論　村山民俗 **28**, 14–21.

岩鼻通明（2014b）．映画館をめぐる現代民俗―鶴岡まちなかキネマを事例として　山形民俗 **28**, 7–14.

木村迪夫（2010）．山形の村に赤い鳥が飛んできた　小川紳介プロダクションとの 25 年　七つ森書館

小松澤陽一（2008）．ゆうばり映画祭物語　平凡社

コミュニティシネマ支援センター［編著］（2008）．「映画祭」と「コミュニティシネマ」に関する基礎調査報告書

庄内映画村〈http://www.s-eigamura.jp（最終閲覧日：2014 年 12 月 17 日）〉

富川国際ファンタスティック映画祭組織委員会［編］（2011）．富川国際ファンタスティック映画祭　成果診断および発展戦略研究（韓国語）

8）鶴岡まちなかキネマは，2010 年５月に鶴岡市の中心市街地に位置する工場跡地を再開発した映画館であり，４つのスクリーンを有する。建物は木造建築を映画館として再生したもので，世界的建築賞であるリーブ賞の 2010 年の商業建築部門で入選した（岩鼻，2014b）。

第9章
アニメキャラクターを活用した地域プロモーション
島根県の事例

『ゲゲゲの鬼太郎』等の水木しげる作品を活用した鳥取県境港市や，『らき☆すた』を活用した埼玉県鷲宮町（現・久喜市）をはじめ，近年，商業目的で制作されたアニメを活用したまちづくりが日本各地で展開されるようになっている。一方で，「くまモン」や「バリィさん」など，地域の宣伝手段として誕生するご当地キャラクターもその数を急増させている。こうした中で，地域とのかかわりを重視しつつ，作品を制作したり，キャラクターを開発・育成したりする新しいビジネスも誕生している。本章ではその例として，アニメ『秘密結社 鷹の爪』に登場するキャラクター「吉田くん」を「しまね Super 大使」に任命し，制作企業の協力を得て地域プロモーション活動を展開する島根県の事例を取り上げる。その活動において，島根県と制作企業がどのように協力し，いかにして島根県の知名度向上や集客促進につなげているかをみていく。

しまね Super 大使吉田くん（タウンプラザしまね）

1 アニメとまちづくり

第6章でみたように，日本におけるアニメを活用したまちづくり（以下，アニメまちづくり）は，1970年代からアニメの作品やキャラクターなどを展示・再現する博物館が整備されたのに続き，1990年代からはアニメの作品や作家などにちなんだイベントの開催，キャラクターを活用したブロンズ像の整備，キャラクターの親善大使への任命が行われるようになった。2000年代に入ると，アニメファンが自主的に作品舞台となった場所を訪ねる聖地巡礼や，ご当地キャラクターなど行政・地域主導のコンテンツ制作の動きもみられるようになってきた。

その先行例・成功例といわれるのが，『ゲゲゲの鬼太郎』など水木しげる作品を活用した鳥取県境港市の取組みと，アニメ『らき☆すた』の舞台となった埼玉県鷲宮町（現・久喜市）の取組みである。境港市では，妖怪ブロンズ像や水木しげる記念館の整備，妖怪関連イベントの開催などを通じて，妖怪世界がハード・ソフトの両面から再現され，来訪者はその世界観とともに，相互の交流を楽しんでいる。一方の鷲宮町の取組みは，聖地巡礼の先行例・成功例と位置づけられる。これらについて山村（2011）は，境港市の事例から，①行政や企業によるコンテンツの積極的活用，②継続的なイベント展開，③地域住民の積極的参画，④関連作品の継続的な製作・放映，を成功のポイントに挙げた。また彼は，鷲宮町の事例から，著作権者と地域とファンがそれぞれにメリットのあるかたちで協力するという，アニメまちづくりのモデルを提示した。

境港市や鷲宮町の取組みもそうであったように，アニメまちづくりでは，作品に登場するキャラクターの像や看板などの展示，関連商品の開発・販売，それを活用したイベントや地域プロモーションが行われるケースも多い。これについて山村（2011）は，アニメ作品の制作企業がキャラクター関連ビジネスでの売上げを増加させるだけでなく，キャラクターのファンを地域のファンにすることで，地域の知名度やイメージを向上させることが必要だと主張する。

本章が取り上げるのは，アニメ作品に登場するキャラクター（以下，アニメキャラクター）を活用した地域プロモーションの取組みである。自治体や地元企業などの「地域」が，いかにして「著作権者」の理解と協力を得ながら，アニメキャラクターを地域プロモーションに活用し，地域の知名度やイメージを向上させているのか，を検討する。具体的な検討事例は，アニメ『秘密結社 鷹の爪』を活用した島根県による地域プロモーションの取組みである。『秘密結社 鷹の爪』は，島根県に在住した経験をもつ制作者が島根県を物語の舞台として制作したアニメ作品で，インターネット上を流通するフラッシュアニメの中でテレビや映画の分野に進出した成功事例の一つといわれる[1)]。その成功を受けて，島根県は『秘密結社 鷹の爪』に登場するキャラクター「吉田くん」を県のPR大使に任命し，地域プロモーションに活用している。

本章執筆に先立ち，「地域」の戦略と取組みを把握するために島根県庁を，「著作権者」の戦略と取組みを把握するために制作企業とその代理店を対象に聞き取り調査を実施した。また，「ファン」の意識を把握するために，東京・日本橋に立地する島根県アンテナショップ「にほんばし島根館」への来場者を対象としたアンケート調査を実施した。さらに，ファンによるインターネット上のコミュニケーションがアニメまちづくりにおいて重要な役割を果たしているという報告（岡本，2009，2011；谷村，2010）を踏まえ，「吉田くん」をめぐるインターネット上の投稿記事について分析を加えた。

2　アニメ制作企業の戦略

1990年代後半，イラストや写真を動画にしたり，それらをインターネット上に比較的簡単に掲載したりできる技術「フラッシュ」が開発された。これにより，アニメの制作費が大幅に低下し，1人でもアニメ作品を制作できるようになった。またブロードバンドの普及もあって，フラッシュを利用してアニメ作品を制作し，インターネット上に掲載する者が急増した。

『秘密結社 鷹の爪』を制作したA氏はフラッシュアニメ制作の先駆者の1人である。彼は映画やテレビドラマの制作スタッフとしてキャリアを積んだ後，

1)「朝日新聞グローブ（GLOBE）　メディアの未来第1回」〈http://globe.asahi.com/feature/081208/side/01.html（2012年9月12日閲覧）〉

2002年に島根県へ移住し，個人でフラッシュアニメを制作するようになった。2004年にインターネット上でアニメ『菅井君と家族石』を発表して注目を集めた後，2006年に映像ブランド「蛙男商会」を設立し，2007年にはアニメ制作企業B社の役員に就任した。

『秘密結社 鷹の爪』は，2006年に個人制作のアニメシリーズとして初めて地上波で放送されたのに続き，2007年には映画化され，全国の映画館で6カ月のロングラン上映がなされた。その後も2009年にテレビで番組が放送され，2008年と2010年に映画が公開されるなど，A氏は広告が獲得しにくい深夜枠でテレビ番組の新たな担い手になるとともに，映画界でも注目されるようになった。

『秘密結社 鷹の爪』は，深夜枠の活用とともに，地方を切り口としているという点にも独自性がある。同作品では島根県が物語の舞台に設定されており，作品に登場する主人公のキャラクター「吉田くん」は島根県吉田村（現・雲南市）出身と設定されている。『秘密結社 鷹の爪』が島根県を物語の舞台とする理由として，制作者であるA氏が島根県で8年間を過ごした経験があり，島根県に対する強い愛着をもつことが挙げられる。また彼は，立地場所を問わずどこでも制作可能なフラッシュアニメを活用して，地方発コンテンツビジネスの可能性を追求しようと考えていたことも，島根県に制作拠点をおき，島根県を題材とした作品を制作する動機となった。

A氏が所属するB社は，『秘密結社 鷹の爪』シリーズのほかにも，制作費が安価であること，短期間での制作が可能であること，内容の修正等が容易であることなどから，「フラッシュ」を用いて，多くのアニメ映像を制作している。加えてB社は，フラッシュアニメがデジタルであることを活かして，テレビや映画のほかにもゲームやウェブサイト，携帯サイト，OVA[2)] など多様なメディアにアニメ映像を提供している。『秘密結社 鷹の爪』についても，テレビ放送や映画公開に加え，DVD，ゲーム，ウェブサイト，携帯サイトといった複数メディアに映像を提供している。

2）オリジナル・ビデオ・アニメーションの略。劇場公開やテレビ放送ではなく，ソフト販売を一次使用とするコンテンツの発売方式。

B社はまた，アニメ制作事業とともに，地域発キャラクター事業にも力を入れている。地域発キャラクター事業は，特定地域のテレビ局や企業と提携してオリジナルのキャラクターを開発し，テレビ局や企業の広報事業やオリジナル商品開発事業を支援するものである。当該地域において地方テレビ局や企業の事業を成功に導くとともに，開発したキャラクターのファンを獲得できれば，キャラクター自体のプロモーションや関連ビジネスを国内他地域や海外でも展開していくことも可能である。

地方のテレビ局や企業と提携した開発，全国レベルさらには海外でのプロモーション展開というB社のキャラクター事業戦略は，『秘密結社 鷹の爪』に登場するキャラクター「吉田くん」のプロモーションにも適用されている。「吉田くん」はテレビや映画で流通するアニメ作品『秘密結社 鷹の爪』の主人公として描かれるだけでなく，島根県内に限らず日本の各地に本社をおく企業の広告映像や公共交通の乗車マナー向上PR映像にも出演したり，企業商品のパッケージ・デザインに使用されたりしている。

このようなB社のキャラクタービジネス戦略は，これまでのアニメ作品の二次使用にあまり採用されなかったものである。従来，キャラクターは作品世界を構成する一要素として位置づけられ，作品イメージを保持し，向上させることを前提に使用されてきた。そのため制作者は，作品およびキャラクターの二次使用に当たって，著作権の厳格な管理に努めてきた。これに対してB社は，キャラクターの性格（キャラ）を保持しつつ，キャラクターをそれが登場する作品世界から切り離して柔軟に使用している点に新規性がある。

3　島根県における「吉田くん」の活用

1）行政による活用

島根県に居住経験をもつ制作者A氏が島根県を題材に制作するアニメ『秘密結社 鷹の爪』の人気ぶりに注目したのが，自県の知名度向上に苦慮する島根県庁である。同県庁の職員がコンテンツ産業の振興に向けてB社に相談に訪れた時，A氏からアニメ映画『秘密結社 鷹の爪』が島根県を物語の舞台として制作される計画であることを聞き，その職員たちは同作品とのタイアップを

表 9-1　島根県の「吉田くん」活用件数の推移

	2008 年度	2009 年度	2010 年度
ウェブ媒体	4	3	6
紙媒体	18	24	29
映　像	4	3	1
立看板	7	3	2
その他	3	2	5
合　計	36	35	43

（島根県資料により作成）

思いついた。その後，県庁内の有志若手職員でその具体化を検討し，同作品の主人公「吉田くん」を島根県の大使に任命することを知事に提言した。県庁幹部職員の中にはその効果に懐疑的な見方をする者も少なくなかったが，知事は多くの若者に島根県のことを知ってもらい，島根県への関心を高めてもらうことを目的に，「吉田くん」に「しまね Super 大使」就任を要請することを決定した。大使名に入れた「Super」は，「吉田くん」に島根県をあらゆる場面で宣伝する役割を担ってもらおうという島根県庁の意図を反映したものである。

B 社は，「吉田くん」の活躍の場を広げるとともに，地方自治体との提携という新たなビジネスモデルを構築するための貴重な機会と捉え，しまね Super 大使への就任要請を受諾した。島根県庁と B 社は 2008 年 5 月に「吉田くん」のしまね Super 大使への就任を発表し，「吉田くん」の使用にかかる契約を締結した。この契約にもとづき，島根県庁は年間契約料を支払って県発行の紙媒体とウェブ媒体，映像などに「吉田くん」を使用することになった。

島根県は 2008 年度からさまざまな媒体で「しまね Super 大使　吉田くん」を活用した（表 9-1）。2008 年度は職員の名刺にイラストを掲載したほか，広聴広報課を中心に封筒やチラシ，パンフレット，カード，スタッフジャンパーなどにイラストを使用した。また，他課でもウェブサイト，映像，立看板に使用した。県庁以外にもふるさと島根定住財団や県立高校，各種団体も紙媒体や立看板に使用し，同年度の使用件数は 36 件に達した。2009 年度の使用件数は 35 件で，県庁各部局に加えて，島根県警察本部やしまね産業振興財団など外郭団体の使用件数が増えたほか，島根県東京事務所や大阪事務所など島根県外で使用するケースが増加した。2010 年度には，従来から使用してきた広聴広報課に加えて，農業経営課や税務課，青少年家庭課，環境政策課など「しまねSuper大使 吉田くん」を使用する県庁部局が増加し，使用件数全体も43件に増加した。なお，「しまねSuper大使 吉田くん」のイラスト使用に当たって，島根県庁など使用者は案件ごとにB社のデザイン監修を受けている。県庁各部局が使用する際のデザイン監修は，県庁広聴広報課を窓口として，B社と代理店契約を結んでいる広告代理店C社（本社：島根県松江市）を通じて行われている。

島根県庁は2008年度から，「しまねSuper大使 吉田くん」を県庁広聴広報課が所管する島根県応援サイト「リメンバーしまね」の応援団長に任命した[3)]。また2011年度には，島根県観光キャンペーン「神々の国しまねプロジェクト」の宣伝隊長にも任命した。さらに島根県は，「吉田くん」の制作者で島根在住経験のあるA氏にも県政運営への協力を依頼している。具体的には，産業振興等に関するセミナーの講師を依頼したり，ふるさと親善大使「遣島使」に任命したりしたほか，2012年には「しまねコンテンツ産業振興アドバイザー」に委嘱し，コンテンツの制作者およびプロデューサーとしての実務経験を島根県の産業振興に役立ててもらおうとしている。

2）地元企業による活用

島根県庁をはじめとする公的機関による広報活動への活用が進む一方で，2009年からは県内企業が「しまねSuper大使 吉田くん」関連商品を開発，販売する動きもみられるようになってきた。この動きを仕掛けたのは島根県産業振興課であり，B社とC社がこれに協力した。三者は共同で2009年3月に県内企業を対象とする商品開発説明会を開催し，島根県観光連盟や島根県物産協会への働きかけを通じて参加した県内企業約30社を対象に，「しまねSuper大使 吉田くん」を活用した商品開発のメリットや手順などを説明した。C社からの聞き取り調査によれば，説明会に参加した企業は，これまでは島根県外とりわけ首都圏への情報発信力や販売力が十分でなく，「しまねSuper大使 吉田くん」を活用して首都圏等への情報発信や販売を強化しようと考えた企業が多かったという。また，「吉田くん」の活用は島根県庁が率先していることから，

3）2011年度からは名誉応援団長となった。

消費者にも安心感を与え，イメージアップや売上増加といった一定の事業効果が期待できると考える企業も少なからずみられた。こうした考えをもっていた県内企業のうち数社は，説明会でB社の説明を聞いて，またC社の後押しを受けながら「しまねSuper大使 吉田くん」を活用した商品開発に取り組むようになった。

商品開発は，各企業が企画を提案し，B社がデザイン監修を行うかたちで進められた。B社は商品の種類に制限を設けなかったことから，さまざまな業種の企業や個人事業主（以下，企業等）が商品を企画した。企業等は開発商品ごとに一定のキャラクター使用料をB社に支払うことを前提に開発を進め，2012年9月までに50以上の商品が開発，販売された。Tシャツや携帯ストラップのほか，島根県の食材を使用した唐辛子やラーメン，既存商品とタイアップした出雲そばや醤油などがその例である。「しまねSuper大使 吉田くん」関連商品は，島根県内では開発した企業等の店舗のほか，島根県物産観光館や道の駅，蛙男商会関連商品の専門店などで販売されている。県外では島根県アンテナショップ「にほんばし島根館」（東京都中央区）などで販売されている。さらに，開発企業等が運営するウェブサイトやB社の公式サイトを利用した通信販売も行われている。

3）キャラクター制作企業の対応

「しまねSuper大使 吉田くん」を活用した島根県のプロモーション活動は，島根県庁等公的機関と県内企業等の取組みに加えて，「しまねSuper大使 吉田くん」の制作企業であり著作権管理者であるB社自身も自主的に取り組んでいる。それらは，作品制作を通じて行われる取組みと，インターネット上での発信行動を通じて行われる取組みに大別できる。

作品制作を通じた島根県の応援は，「吉田くん」のしまねSuper大使への就任以前から行われていたことであり，大使就任以降も継続された。たとえば，2012年1月から関西地方の地上波テレビの深夜枠で放送されたアニメ番組『秘密結社 鷹の爪外伝 むかしの吉田くん』では，島根県の名所や見どころが毎回紹介された。またB社は，非公式の島根県プロモーション映像を自主的に制作し，インターネット上に公開した。このプロモーション映像は「うどん県篇」「そうだ島根に行こう篇」「都構想篇」の3パターンがあり，いずれもインターネット上で視聴者から大きな反響を得た。このうち「うどん県篇」については，島根県観光キャンペーン「神々の国しまね」を展開する「神々の国しまね実行委員会」が公式プロモーション映像として採用し，2012年1月から関西地方の地上波テレビで放送した。このほかB社は，経済産業省平成20年度地域資源活用型新規産業創造事業の一環として，島根県観光プロモーション映像「神々のふるさと出雲」を制作し，フランスのテレビ番組[4]でその映像を放送した。

B社によるインターネット上での発信行動は，ソーシャル・サイトmixiおよびFacebookと短文投稿サイトTwitterを中心に展開されている。たとえば，B社は2011年4月に「しまねSuper大使 吉田くん」のFacebookページ[5]を開設し，2012年8月末日までに87件の記事を投稿した。記事の内容別に投稿件数をみると，55件（投稿件数全体の63.2%）が映画情報やイベント情報などB社事業に関する記事，26件（同29.9%）が島根県に関する記事，6件（同6.9%）がその他の記事であった。また，このページから69のFacebookページに対してリンクが設定されている。そのうち2件のB社関連ページ，63件が島根県内の自治体や企業，学校，団体などのページである。さらにB社は，「鷹の爪団 吉田」のTwitterページ[6]を開設し，2010年2月から2012年9月までの20カ間に11,166件の記事を投稿した。2012年8月13日から9月12日までの1カ月間に投稿した記事件数は815で，そのうち9.8%に当たる80件が島根県に関する記事であった。

このようにB社は，FacebookおよびTwitterを利用して，映画情報やイベント情報などB社事業に関する情報を提供してファンとのコミュニケーションを行ったり，島根県関連情報を発信して，同社と島根県のかかわりを強調しようとしたりしている。またB社は，インターネットだけでなく新聞やテレビ

4）B社が制作するフランス人向け情報番組「KIRAKIRA JAPON」において2分×4話の映像を放送。アニメと実写を交えて島根県の神話を紹介した。

5）2012年9月20日現在で1,110人がこのページの固定読者となっている。固定読者の最多の年齢は35-44歳，最多の居住地は東京である。

6）アカウントは@yoshida_justice。2012年9月20日現在で53,075人の固定読者がいる。

などマスメディアも上手に利用しながら，B社事業および島根県に関する話題づくりに努めている。たとえば，B社は2011年12月に，「「うどん県におれもなる！　島根県」を島根県の非公式スローガンにする」という，「吉田くん」ファンのみならず島根県関係者やそれ以外の読者も関心を示すような情報をTwitterに投稿した。その情報が新聞に記事として掲載されると，B社は非公式スローガンの発表がマスメディアで注目されているという情報をTwitterやFacebookに投稿し，読者がB社事業や島根県にさらに関心を高めるように仕掛けた。

4 「吉田くん」活用の構図と効果

1)「吉田くん」活用の構図

図9-1は，2および3の検討をもとに，「しまねSuper大使 吉田くん」をめぐる制作企業，ファン，地域の相互関係を図示したものである。制作企業B社

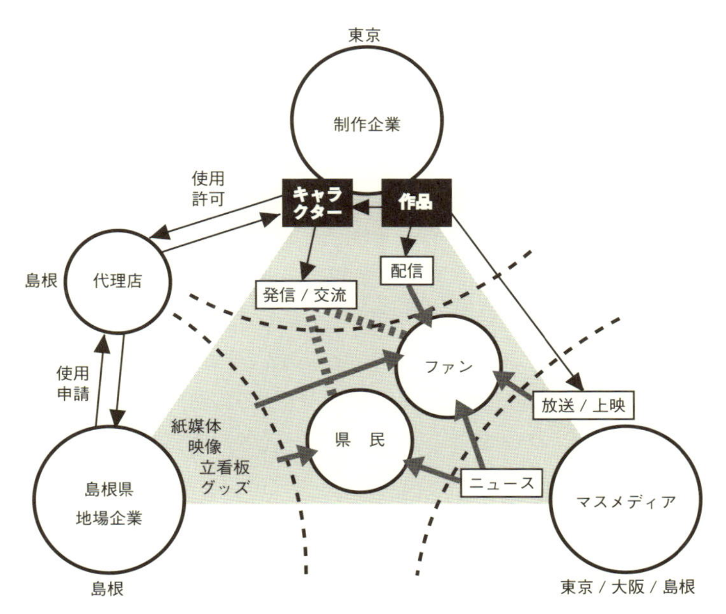

図9-1 「しまねSuper大使　吉田くん」をめぐる主体間関係
（筆者作成）

はアニメ作品『秘密結社 鷹の爪』を制作してインターネット上に配信し，流通させるとともに，テレビや映画などマスメディアを利用して放送／上映する。B社は，アニメ作品『秘密結社 鷹の爪』の提供と同時に，『秘密結社 鷹の爪』に登場するキャラクター「吉田くん」を作品から切り離し，架空のタレントとして独自の活動を展開する。島根県知事からの要請によって誕生した「しまねSuper大使 吉田くん」も，そうしたB社のキャラクター戦略にもとづいている。

島根県庁等公的機関は，各種媒体に「しまねSuper大使 吉田くん」のイラストを使用して地域（島根県）や各種事業を広報し，島根県民と全国の「吉田くん」ファンに訴求することで，島根県の知名度向上や各種事業への理解および参加を促す。また，島根県内の企業等は「しまねSuper大使 吉田くん」関連商品を開発，販売することで，企業・商品イメージの向上と売上げ増加を目指す。この際，アニメキャラクターの著作権を保有するB社と島根県内の公的機関および企業等の橋渡しをするのが，B社と代理店契約を結ぶC社である。C社はB社保有のアニメキャラクター「しまねSuper大使 吉田くん」の使用申請および使用許可の窓口として機能する。

B社は，インターネット上あるいはマスメディアでのコンテンツの提供，島根県庁や企業等へのキャラクター使用許可に加えて，ファンがアニメキャラクター「吉田くん」の発信する情報を入手し，また「吉田くん」との対話を楽しむことができるソーシャル・サイトを開設，運営している。そこでは，「吉田くん」情報に加えて，島根県に関する情報が積極的に発信され，読者が島根県に対する関心を高める工夫もなされている。ソーシャル・サイトで発信，交換される情報は新聞などにとりあげられ，その読者が「吉田くん」や島根県に関心をもつきっかけとなるほか，ソーシャル・サイトにおいて「吉田くん」や島根県をめぐるコミュニケーションをさらに活発化させた。

2)「吉田くん」活用の効果

島根県庁や企業等による「吉田くん」活用は，地域や企業等にどのような効果をもたらしたのであろうか。島根県庁は，多くの若者に島根県のことを知ってもらい，島根県への関心を高めてもらうことを，「吉田くん」への大使就任

表 9-2 Facebook「しまね Super 大使 吉田くん」ページ投稿記事への居住地別共感件数

		島根県関連記事		東京イベント関連記事	
投稿日		2012年8月24日		2012年7月14日	
共感表示件数		93		73	
居住地非表示件数		21		17	
有効データ件数		72		56	
共感表示者居住地	島根県	26	36.1%	13	23.2%
	北海道・東北	1	1.4	0	0.0
	関東	15	20.8	22	39.3
	中部	7	9.7	3	5.4
	近畿	14	19.4	11	19.6
	中国	5	6.9	5	8.9
	四国	2	2.8	1	1.8
	九州・沖縄	2	2.8	1	1.8
	島根県外合計	46	63.9	43	76.8
	うち島根県出身	7	9.7	11	19.6

(Facebook「しまね Super 大使　吉田くん」ページをもとに作成)
注1) 共感表示件数は当該記事に対して「いいね!」をクリックした人数を示す。
注2) 共感表示者居住地の割合は有効データ件数に対する割合を示す。

要請の目的とした。これに関して，たとえば，Facebookの「しまねSuper大使 吉田くん」ページに投稿された島根県関連記事への共感表示件数をみると(表9-2)，居住地の明らかな共感表示者72人のうち46人（63.9%）が島根県外の在住者であり，「しまねSuper大使 吉田くん」が県外在住者（とくに関東地方および近畿地方の在住者）の島根県への関心を高めたきっかけとなったことがうかがえる。一方で，東京で開催される『秘密結社 鷹の爪』関連イベント情報への共感表示件数をみると，島根県在住者を含めて関東在住者以外にも共感表示者が多く，このページが島根県への関心と同時にB社事業への関心を高める役割を果たしていることがみてとれる。この他にも，B社が独自に島根県の非公式スローガンを制作したことが新聞で取り上げられ，島根県公式サイトへのアクセス数が一時的に増加したりしたことにみられるように，キャラクターが島根県への関心を高めるきっかけとなったことが認められる。

表 9–3 「吉田くん」の設定に関する年齢別認知割合（2012 年 10 月）

	鷹の爪団員	島根県出身	しまね Super 大使
10 歳代以下（N=4）	75.0%	25.0%	25.0%
20 歳代（N=10）	60.0	60.0	30.0
30 歳代（N=30）	53.3	23.3	20.0
40 歳代（N=28）	35.7	14.3	14.3
50 歳代（N=15）	33.3	26.7	26.7
60 歳代以上（N=13）	15.4	23.1	23.1
合　計（N=100）	42.0	25.0	21.0

（アンケート調査により作成）

次に，東京・日本橋に立地する島根県のアンテナショップ「にほんばし島根館」への来場者を対象に行ったアンケート調査[7]をもとに，「吉田くん」に関する認知状況をみると（表 9–3），回答者全体の 42.0%がアニメ『秘密結社 鷹の爪』に登場するキャラクター「吉田くん」のことを知っていた。また，年齢が低いほど認知度が高く，若年層の中には定期的に Twitter の記事をフォローする熱狂的なファンも存在した。これに対して，「吉田くん」が島根県出身という設定であることを知っている者は同 25.0%，「吉田くん」が「しまね Super 大使」を務めていることを知っている者は同 21.0%にとどまった。このことは，「吉田くん」が若年層を中心に知られており，「吉田くん」を活用することは若年層の島根県への関心を高める可能性があることを示す一方で，「吉田くん」と島根県のかかわりが十分に理解されていない実態も同時に示している。

島根県への関心向上のほかには，「しまね Super 大使 吉田くん」関連商品数の増加以外に，島根県における観光入込客数や企業立地件数，U・I ターン者数などの増加といった，「吉田くん」活用による地域経済への波及効果は確認されていない[8]。このうち，観光入込客数は 2008 年と 2010 年にそれぞれ前年を若干上回っているが，島根県庁はその要因として，出雲大社の大遷宮と石見銀山遺跡の世界遺産登録効果，縁結び・パワースポットの誘客効果，テレビド

7）2012 年 10 月 5，6 日に行った。来場者に調査票を渡し，自記してもらった調査票をその場で回収した。回収枚数は 100 枚。

8）観光入込客数は島根県観光動態調査，企業立地件数は島根県の産業の動向，U・I ターン者数はふるさと島根定住財団への聞き取りにより確認した。

ラマ『だんだん』と『ゲゲゲの女房』の放送効果を指摘している。他方で，島根県のPRを目的として用いられた「吉田くん」であったが，観光入込客数の増加要因としては十分な言及がなされておらず，効果を評価することが難しい。

5　地域振興にキャラクターは必要か

以上にみたように，地域・商品のプロモーションに「吉田くん」を活用しようという島根県庁や企業等の思惑と，活動の場を拡げながらキャラクターを育成しようというB社の戦略が合致するかたちで，「しまねSuper大使 吉田くん」が生まれ，積極的に活用されてきた。B社は，作品やキャラクターをめぐるソーシャル・サイトを開設し，ファンとの，あるいはファンどうしのコミュニケーションを展開し，その中で島根県に関する話題づくりにも努めた。その結果，「吉田くん」も島根県も知名度を一定程度高めることができた。しかし，それが島根県への観光入込客数や企業立地件数，U・Iターン者数の増加といった具体的な経済効果に結びついたとはいいがたい。

島根県の事例は，地域プロモーションをはじめとする地域振興におけるキャラクター活用の可能性と課題を示したといえよう。キャラクターを活用した地域振興の取組みは21世紀に入り増加する傾向にあり，本事例のように商業目的で創作された漫画やアニメのキャラクターを活用するもの，ご当地キャラクターを創作・活用するものなど，その手法も多様化している。その一方で，キャラクターを活用した地域振興の取組みは当初に期待した成果が得られず，公金を投入する行政施策として取り組むことを疑問視する声もある（たとえば，木下，2014）。

こうした中で，キャラクターを活用した地域振興の取組みが，広報効果にとどまらず，観光や産業の振興，定住促進などで具体的な効果を得るためには，何が必要なのだろうか。筆者は，本事例の検討を通じて，次の3点を指摘したい。第1は，キャラクターを活用した地域プロモーションを梃子にしつつ，観光客数やU・Iターン者数，企業立地件数の増加といった具体的な経済効果を生み出す施策も合わせて行うことである。島根県がそれを怠ったというわけでは決してないが，キャラクターに諸事業の成否を委ねるのでなく，既存の事業を継続・充実させていくことが基本である。キャラクターの活用はあくまで地域振興のきっかけであり，地域の諸課題を解決する万能なツールではないのである。第2に，その上でキャラクター活用による地域振興効果を得るには，現実社会にファンが憧れ，訪問し，集う「聖地」をもつことである。境港市における水木しげるロード，鷲宮町における鷲宮神社のように，「しまねSuper大使 吉田くん」の聖地といえる場所があれば，インターネット上での情報交流にとどまらず，現実社会における観光行動などに結びついた可能性が高いと考えられる。第3は，アニメ作品やキャラクターのファンを取組みに巻き込むことである。「それほど知名度が高くない作品を，ファンと地域社会が一緒になって盛り上げていった」（山村，2011）鷲宮町と異なり，本事例では制作企業と自治体の積極性に比して，ファンの自発的な取組みがみられなかった。ファンの“想い”を大切にし，それを踏まえた（活かした）取組みを進めることは，キャラクターやアニメ作品を活用した地域振興において重要だと考える。

【文　献】

朝日新聞グローブ　メディアの未来第1回〈http://globe.asahi.com/feature/081208/side/01.html（最終閲覧日：2012年9月12日）〉

岡本　健（2009）．らきすた聖地「鷲宮」巡礼と情報化社会　神田孝治［編］観光の空間　ナカニシヤ出版，pp.133–144.

岡本　健（2011）．交流の回路としての観光―アニメ聖地巡礼から考える情報社会の旅行コミュニケーション　人工知能学会誌 **26**(3)，256–263.

木下　斉（2014）．ゆるキャラは地方創生に役立っているのか―「地域活性化」という曖昧な言葉に騙されるな　東洋経済オンライン〈http://toyokeizai.net/articles/-/54183（最終閲覧日：2015年4月14日）〉

谷村　要（2010）．「コミュニティ」としての「アニメ聖地」―豊郷町の事例から　大手前大学論集 **11**，139–150.

山村高淑（2011）．アニメ・マンガで地域振興―まちのファンを生むコンテンツツーリズム開発法　東京法令出版

第10章 オタク文化の集積とまちづくり

大阪・日本橋の事例

7章から9章では，コンテンツの制作者と消費者，地方自治体等の関係に注目しながら，各地域におけるコンテンツ活用の実態が報告された。それらは，制作者が地方自治体等の協力を得ながらコンテンツを制作して消費者に提供する事例，あるいは地方自治体等が制作者の協力を得てコンテンツの消費者を集客する事例であり，B to C あるいは R（region）to C の特徴をもっていたといえる。これに対して本章は，消費者が都市を舞台に「それぞれの関心でネットワークを形成し，ある作品世界を共有し遊ぶ」（出口ほか, 2009）という動きを報告する。これは C to C の特徴をもつといえる。これについて，大阪・日本橋を事例に，アニメ・漫画などに熱中するオタクがどのようにして都市空間を自己表出場所として活用してオタク文化を集積させてきたかという点と，都市における既存の権力サイドがいかにしてそれをまちづくりに取り込み，公共化したかという過程を描き出す。

日本橋ストリートフェスタでのコスプレ・パフォーマンス

1　コンテンツとオタクとまちづくり

日本のコンテンツ消費は，制作者のプロとアマチュアの境界が曖昧なこと，権利管理が緩やかなこと，メジャー作品とマイナー作品からなる分厚い市場の存在を背景として，「各人が作品を消費し，さらには自作し，消費（生産的消費）を通じて自己実現してゆく」ことを特徴とし，「多様な集団が多元的に交流し，それぞれの関心でネットワークを形成し，ある作品世界を共有し遊ぶという構造」をなす（出口ほか, 2009）。これらの特徴や構造は，ハリウッド映画が大作指向の単峰構造をなし，利益最大化をめざすあまり表現可能な題材・物語の幅が狭くなりがちなのとは大きく異なるものである。こうした日本のコンテンツ消費の特徴や構造は，こだわりのある対象を，相当の時間やお金をかけて消費しつつ，深い造詣と想像力をもち，かつ情報発信活動や創作活動も行う「オタク」（野村総合研究所オタク市場予測チーム, 2005）を生み出した。

オタクは「「自分の場所」を現実の物質世界に見いだせなかった疎外されそうな個体が，形而上世界のなかに自分のテリトリーを作り上げる事で現実世界の適応のなかにとどま」（中島, 1991）る傾向がある。以前からオタクの自己表出場所となってきたのが自宅とイベント会場であるが（相田, 2006），近年はそれらに加えて，インターネット上や都市の特定エリアが新たな自己表出場所になっている（森川, 2008）。日本でオタクの自己表出場所としての都市，いわゆるオタクの街としてよく知られているのが東京・秋葉原である。森川（2008）は，パソコンを好む人が電気街・秋葉原集まるようになり，彼らがアニメの絵柄のようなキャラクターを好み，そうしたキャラクターが登場するアニメやゲーム，フィギュアも求めたことから，秋葉原にオタク向け専門店[1)]が集積したことを報告した。さらに近年は，オタク向け専門店の集積を受動的に受け入れるだけでなく，オタク文化の集積を強みとした地域振興が構想されるようにもなっている。名古屋市の大須商店街に集積するオタク文化を活用した中京圏の観光振興（中部産業活性化センター, 2009），大阪・日本橋におけるオタク文化

1）本章では，漫画やアニメ，ゲームソフト，フィギュア，カードなどを販売したり，メイドがサービスを行ったりする店舗をオタク向け専門店と記す。

の集積を生かした創造性ゆたかな商店街の形成（佐々木, 2008）などがその代表例である。

本章は，大阪・日本橋を事例に，オタク文化の集積過程とオタク文化を強みとしたまちづくりの実態を報告するものである。まず，オタクが自宅とインターネット空間，都市空間をどのように使い分けたり連動させたりしながら自己表出の場所として活用し，オタク文化を集積させてきたかを解明する。続いて，オタク文化の集積を強みとした地域振興が構想される中で，オタクがまちづくりにどのように参画していくのかをみていく。地理学ではこれまで，ストリートをめぐる若者アーティストの空間創造と警察や商店街振興組合などの権力サイドによる空間のせめぎあい（山口, 2009）や，匿名メディアを利用した出会いの場が技術進歩と社会規制によって脱空間化し不可視となってきたこと（杉山, 2009）などが報告されている。これに対して本章では，オタクが自宅からインターネット空間，さらには都市空間へと自己表出場所を拡大する中で，都市における既存の権力サイドがそれをまちづくりに取り込み，公共化する内実を描き出す。

2　オタクの街・日本橋の形成

1）電気の街からオタクの街へ

大阪市は約260万の人口を擁し，行政・経済機能が集中した京阪神大都市圏の中心都市である。JR大阪環状線内を中心に市街地が形成され，JR大阪駅周辺（通称「キタ」）と私鉄南海電鉄難波駅周辺（通称「ミナミ」）が二大商業集積地となっている。日本橋はミナミの一角をなし，私鉄南海電鉄難波駅の東部に位置する（図10–1）。このうち，オタク向け専門店が集積しているのが，浪速区日本橋3・4・5丁目と，南海電鉄より東側の難波中2丁目（以下「日本橋」という場合はこれらの地区を指す）である。

江戸時代に紀州街道の宿場町として発展した日本橋は，明治時代には古書や古着，古道具など，大正時代にはラジオや蓄音機，レコードなど，昭和時代初期にはラジオ部品を扱う店舗が立地し，若者を中心とする消費者の趣味にかかわる商品，特に一部の者が強い関心を示す商品を提供してきた。そして，高度

図 10-1　大阪・日本橋の位置とオタク向け専門店の立地状況（2012 年）
（pontab Vol. 9 をもとに作成）

経済成長期からの家電ブームに乗り，日本橋は電気街として発展し，「でんでんタウン」として親しまれるようになった。このように日本橋は，消費者の嗜好変化に対応するかたちで変態を繰り返しながら，存続・発展してきた歴史を有する。

電気街としての日本橋に変化が訪れたのは1980年代後半であり，従来の家庭用家電製品に加え，パソコンを扱う店舗が急増した。その後，1992年頃から家電不況が深刻化し，日本橋の家電量販店は転廃業が相次いだ。さらに2001年にJR大阪駅と私鉄南海電鉄難波駅の近くに関東資本の大手家電量販店が開店したことにより関西資本の大手家電小売店が日本橋から撤退し，家電小売店数が減少する一方で[2)]，テナントビルの一室を利用したメイドカフェやメイドリフレクソロジーのほか，同人誌やフェギュアなどを販売するオタク向け専門店が増加した（NIPPON–BASHI HEADLINE編集部, 2008）。オタク向け専門店は堺筋の西側にある日本橋筋西商店街を中心に立地し，2000年頃からは通称で「オタロード[3)]」と呼ばれるようになった。

その実態を示すデータとして平成21年経済センサス基礎調査をみると，日本橋3・4・5丁目のがん具・娯楽用品小売業の事業所数は26で大阪市全体の9.5%を占め，1 km^{2}あたり事業所数は113.0で大阪市平均の1.3を大きく上回っている。また，NIPPON–BASHI SHOP HEADLINEが行った日本橋地域の店舗出店動向調査によると，メイド・コスプレ系店舗は2005年から2012年まで出店が継続的にみられる（表10–1）。

日本橋におけるオタクのおもな行き先は，オタク向けの専門店とイベントである。日本橋に立地するオタク向け専門店は，流通量が少ないために一般の書店やDVD販売店，ゲームソフト販売店などで入手しにくい，漫画やアニメDVD，フィギュア，ゲームソフトなどを扱っており，それらを求めて来店する者が多くみられる。各店舗の店員は商品に関する知識や情報が豊富で，オタクは店員とのコミュニケーションを通じて自らの知識や情報の量を増やし，深めることを楽しんでいる[4)]。

日本橋で開催されるさまざまなイベントもオタクを惹きつけ，受け入れる機能を果たしている。そうしたイベントには，①オタク自身が自主的に運営する

2）商業統計調査によれば，機械器具小売業の年間商品販売額はJR大阪駅が立地する大阪市北区が1997年の280億円から2007年の1,289億円に増加したのに対し，日本橋を含む浪速区は1997年の1,873億円から2007年には998億円に減少した。

3）匿名の電子掲示板「2ちゃんねる」で初めて使用された。

4）日本橋まちづくり振興株式会社での聞き取り（2011年11月7日）による。

表 10-1　日本橋におけるメイド・コスプレ系店舗の出退店状況（2005-2012 年）

年	出店数			退店数		
	飲　食	サービス	物　販	飲　食	サービス	物　販
2005 年	13	5	0	0	0	0
2006 年	11	3	0	10	4	0
2007 年	5	6	2	3	0	0
2008 年	9	4	0	6	1	1
2009 年	3	7	0	2	1	0
2010 年	5	5	1	5	4	0
2011 年	4	14	1	1	7	0
2012 年	6	13	1	3	5	0

（NIPPON-BASHI SHOP HEADLINE 資料により作成）

もの，②オタク向け専門店が企画するもの，③まちづくり組織が企画するものがある。①はインターネット上での情報交換を通じて企画，実施されるオフ会がその中心である。②は来店者どうしの交流や店舗の利用促進などを目的に実施されることが多い。③は後述する「日本橋ストリートフェスタ」（以下，ストリートフェスタ）がその中心的役割を果たしている。

こうした状況を受けて，次第にメディアも日本橋におけるオタク向け専門店の集積に着目するようになり，2007 年 6 月発行の雑誌「大阪人」は「日本橋の逆襲」と題する特集を組み，「電器とサブカルチャーが合体」して「進化する日本橋」を紹介した。また JTB が発行する旅行雑誌「るるぶ」も，日本橋を国内外の観光客に人気の「西の「オタク」文化の中心地」として紹介するなど，オタク以外の人を集客しようという動きもみられるようになっている。

2）インターネット上の自己表出と相互交流

日本橋のオタク向け専門店とイベントに加えて，オタクの自己表出および相互交流の場所として機能しているのがインターネットである。オタクによる日本橋を題材とするインターネット上のコミュニケーションが活発化したのは 2000 年頃からで，当初は電子掲示板の利用が主であった。「2 ちゃんねる[5)]」がその代表であり，そこでは自作パソコン，漫画，おもちゃ，エロゲー（性的表現を含むコンピュータゲームソフト），コスプレ，アイドル，写真撮影，癒し，

表10-2　日本橋にかかわるおもなブログの概要（2012年）

ブログ名	開設年	最新更新	おもな内容
2001年宇宙の足袋	2001年	不明	店舗・コンテンツ情報
日本橋ブログ	2004年	2009年	日本橋情報全般
うえむ@さんのぐうたら日記	2004年	2009年	店舗・コンテンツ情報
おまけ的ポンバシ	2004年	2012年	店舗情報
日本橋経済新聞	2004年	2012年	日本橋情報全般
虚言日記	2005年	2006年	店舗・コンテンツ情報
隠れオタパパ雑記帳	2005年	2009年	店舗・コンテンツ情報
はんぐの見習いオタblog	2005年	2011年	店舗・コンテンツ情報
オタロードBlog	2005年	2012年	コンテンツ情報
NIPPONNBASHI SHOP HEADLINE	2005年	2012年	店舗情報
放課後，ポンバシ通い	2006年	2007年	店舗・コンテンツ情報
ポンバシ奮闘記	2007年	2011年	日本橋情報全般

（「日本橋ブログ」および同ブログからリンクを設定された各ブログの掲載情報をもとに作成）

突発OFF（投稿者の思いつきで突然に開催されるオフ会）などのカテゴリーに分類されるスレッド[6]が立てられ，2013年現在も活発な投稿活動が行われている。

電子掲示板に続いて2004年頃から利用が広まったのがブログである。ブログ自体が普及してきたことに加え，メイドカフェの訪問記録をブログで発信することがブームとなったことがそのきっかけとされる。表10-2は日本橋にかかわるおもなブログの概要を示している。これらは投稿記事の内容から二つのグループに大別できる。一つは日本橋に関する情報を投稿するブログであり，日本橋に関する情報全般を投稿するものとオタク向け専門店の出退店情報や新商品の入荷状況などを投稿するものがある。もう一つはアニメやゲームなどコンテンツに関する情報を投稿するブログで，各店舗で販売されるコンテンツや自作コンテンツの情報が投稿されている。これらのブログは，漫画やアニメ，

5）1999年に開設された。「「ハッキング」から「今晩のおかず」まで」というキャッチフレーズに象徴されるように，幅広い分野の話題が投稿されている。

6）電子掲示板に設置される話題ごとの投稿スペース。

ゲームなどを愛好する個人が趣味として開設しているものがほとんどである。彼らは投稿自体を楽しみとしており，アクセス数の増加や読者からの反響を励みとして投稿を継続している。また，彼らの中には多くの読者を獲得し，広告収入を得るようになった者もみられる。

ブログに続いて2005年頃から利用が活発となったのがSNSである。mixiを例にみると[7)]，2005年頃から日本橋を題材とするコミュニティが多数開設された。参加者数が多い上位20件のコミュニティをみると（表10–3），管理者は19件のうち18件が関西在住者で，しかも13件が大阪府在住者である。管理者の年齢はすべて20–30歳代で，性別は男性が15件を占めた。参加者数をみると，「大阪・日本橋（でんでんタウン）」と「オタク@大阪日本橋系」が他のコミュニティを大きく引き離している。前者は電気街としての日本橋を，後者はオタクの街としての日本橋をテーマとしており，それぞれ日本橋を代表するコミュニティといえる。また，「日本橋メイドカフェ巡りの会」や「大阪日本橋で飲み隊ッッ☆」などのコミュニティでは，オフ会が企画，実施されている。

以上から，オタクによる日本橋に関するインターネット上のコミュニケーションは，複数のメディアを活用して，細分化されたテーマごとに情報の発信や交流がおもに行われていることがわかる。その中で，電子掲示板やmixiでは，オフ会開催を目的とするスレッドやコミュニティが開設され，参加者が日本橋に集まり，対面で交流する動きもみられた。

3）オンライン・コミュニティから現実社会へ

日本橋を訪れるオタクの属性と日本橋に対する意識，日本橋での行動について，mixiのコミュニティ「オタク@大阪日本橋系」への投稿記事をみていく。まず，同コミュニティ参加者3,713名の属性をみると（表10–4），年齢は若年層に偏っており，そのうち20歳代が1,451名（年齢を明らかにしている参加者全体の77.3%）と最多であった。性別は男性が女性の約3倍であった。年齢と性別を合わせてみると，20歳代男性が最多で，以下，20歳代女性，30歳代

7）2005年頃に活発に利用されたSNSがmixiであったため，mixiを分析の対象とした。ちなみに，Facebookは2008年に日本語版が一般公開された。

表 10-3　日本橋にかかわるおもな mixi コミュニティの概要（2012 年）

コミュニティ名	カテゴリー	開設年	参加者数	管理者		
				年齢	性別	居住地
大阪・日本橋（でんでんタウン）	地　域	2004 年	4,864	ND	男	大阪
オタク@大阪日本橋系	地　域	2006 年	3,702	20 歳代	男	大阪
日本橋ストリートフェスタ	その他	2005 年	919	ND	男	大阪
日本橋・ちょいめし　あさちゃん	グルメ	2004 年	834	ND	男	東京
遊戯王 OCG　大阪日本橋決闘部	ゲーム	2007 年	630	ND	男	大阪
日本橋メイドカフェ巡りの会	サークル	2008 年	539	ND	男	大阪
大阪日本橋で飲み隊ッッ☆	グルメ	2009 年	318	30 歳代	女	大阪
café de ポルテ（日本橋 4 丁目）	グルメ	2008 年	306	ND	女	大阪
日本橋に痛車で行く人集合！	車	2006 年	300	20 歳代	男	大阪
日本橋 R/H/B	音　楽	2005 年	281	ND	男	大阪
日本橋プラッツ（日本橋 Platz）	地　域	2008 年	271	ND	ND	ND
大阪市立日本橋中学校	学　校	2005 年	268	30 歳代	男	大阪
戦え！　日本橋特殊戦隊★N-SAT	芸能人	2009 年	218	ND	女	大阪
wei β シュバルツ大阪日本橋連合	ゲーム	2008 年	209	20 歳代	男	京都
日本橋研究会	地　域	2005 年	209	30 歳代	男	兵庫
大阪日本橋オタクマップ	地　域	2005 年	208	ND	男	大阪
日本橋路上ライブ	音　楽	2007 年	173	ND	男	兵庫
★上海新天地★大阪・日本橋	地　域	2006 年	158	30 歳代	女	大阪
日本橋 Ups	団　体	2011 年	149	20 歳代	男	大阪
日本橋ナイト	団　体	2010 年	148	ND	男	大阪

（mixi コミュニティ検索（2012 年 6 月 2 日）により作成）

表 10-4　mixi コミュニティ「オタク大阪日本橋系」参加者の属性（2012 年）

	10 歳代	20 歳代	30 歳代	40 歳代	50 歳代	60 歳代	不　明	合　計
男　性	104	1,118	203	25	4	2	968	2,424
女　性	40	283	30	1	0	0	411	765
不　明	12	50	5	0	0	0	457	524
合　計	156	1,451	238	26	4	2	1,836	3,713

（mixi コミュニティ「オタク@大阪日本橋系」参加者プロフィールページをもとに作成）

男性，10歳代男性の順となった。居住地は大阪府が2,011名（居住地を明らかにしている参加者全体の71.4%）でもっとも多く，兵庫県が274名（同9.7%），京都府が129名（同4.6%），奈良県が126名（同4.5%）と大阪府近隣の府県がこれに続いた。

次に，同コミュニティの自己紹介ページへの投稿記事から，オタクの日本橋に対する意識と訪問行動の実態をみていく（表10–5）。まず，彼らの自己認識についてみると，投稿した者の9割以上が自らを「オタク」または「腐女子[8)]」または「ライトオタク[9)]」と認める文を投稿していた。趣味については，アニメと漫画，ゲームを趣味とする者の割合がやや大きいものの，メイドカフェ／メイドリフレクソロジーやフィギュア，カラオケ，ホビー，パソコン部品，コスプレなど，多様な趣味が挙げられた。しかし彼らは，すべての分野を趣味とするのでなく，特定少数の分野を趣味とする者がほとんどであり，自らの趣味を狭く，深く楽しむ傾向がみてとれた。

彼らがオタクの街としての日本橋をどのように認識しているかをみると，「庭」や「故郷」「聖地」「天国」「第二の家」「原点」などの表現を用いて日本橋が自分にとっての「ホーム／居場所」であると認識する者が約7割，「興味」や「訪問希望」「憧れ」などの表現を用いて日本橋が自分にとって「異文化／異世界」であると認識する者が約3割であった。オタクや腐女子らにとって，自己を表出し，他者と共有できる日本橋は，それを共有できない職場や学校とは異なり，現実社会において自分を晒し出せるホーム／居場所となっていると推察される。一方で，初心者やライトオタクにとって日本橋は，オタクや腐女子が集まる現実社会内の異世界として認識されている。

日本橋への訪問頻度をみると，「週1–2回」と投稿した者がもっとも多かった。彼らは仕事や学校が休みとなる毎週土曜日や日曜日を中心に日本橋を訪れている。これに次いで多かったのが「月2–3回」と「月1回程度」である。「週3–4回」あるいは「週5回以上」訪れる者も1割以上みられた。彼らの多くは日本

8）男性どうしの同性愛を描いた漫画・アニメなどを愛好する女性をいう。最近は，オタク趣味をもつ女性全般を指す言葉としても使用されるようになっている。
9）オタクとしての経歴や程度が低いオタク。

表 10-5　mixi コミュニティ「オタク@大阪日本橋系」における参加者の趣味と日本橋訪問に関する投稿件数（2006-2012 年，N=1,479）

a)	自己認識（N=304）	
	オタク（ヲタク/オタ/ヲタ）	186（61.2%）
	腐女子（腐男子）	25（8.2%）
	ライトオタク（ゆるオタ/ぬるオタ）	81（26.6%）
	初心者	12（3.9%）
b)	趣味（N=1,332）	
	アニメ	257（19.3%）
	漫画	192（14.4%）
	ゲーム	157（11.8%）
	ゲームセンター	93（7.0%）
	メイドカフェ／メイドリフレクソロジー	81（6.1%）
	フィギュア	64（4.8%）
	カラオケ（アニメソング/ゲームソング）	42（3.2%）
	ホビー（プラモデルなど）	38（2.9%）
	パソコン部品	36（2.7%）
	コスプレ	34（2.6%）
	その他	139（10.4%）
c)	日本橋に対する認識（N=49）	
	ホーム/居場所　※注 1	35（71.4%）
	異文化/異世界　※注 2	14（28.6%）
d)	日本橋への訪問頻度（N=352）	
	週 5 回以上	27（7.7%）
	週 3-4 回	22（6.3%）
	週 1-2 回	128（36.4%）
	月 2-3 回	75（21.3%）
	月 1 回程度	70（19.9%）
	月 1 回程度未満	30（8.6%）
e)	日本橋での活動/仕事（N=23）	
	メイド	13（56.5%）
	アイドル/芸能事務所	6（26.1%）
	その他アルバイトなど	4（17.4%）

（mixi コミュニティ「オタク@大阪日本橋系」自己紹介ページをもとに作成）

注 1）「庭」「故郷」「聖地」「天国」「ホーム」「第二の家」「原点」「禁断症状」などの語句を用いた場合，日本橋を「ホーム／居場所」と認識していると判断した。

注 2）「興味」「訪問希望」「案内希望」「憧れ」などの語句を用いた場合，日本橋を「異文化/異世界」と認識していると判断した。

注 3）書き込み件数右側の括弧内の数値は，当該書き込み総件数に対する割合を示す。

第Ⅰ部

第Ⅱ部

橋およびその近郊に自宅や職場，学校があり，勤務後や放課後に日本橋に訪れている。一方，「月1回程度未満」の頻度で日本橋を訪れる者は1割弱であった。彼らの多くは大阪府外に居住しており，鉄道や自家用車などを利用して比較的長い時間をかけて日本橋に来ている。

また，彼らの中には，自らの趣味が高じて日本橋で活動を行ったり，仕事についたりする者もみられる。職種別にみると，その数がもっとも多いのがカフェやリフレクソロジー店に勤務するメイドであり，13名がそのことを示す記事を投稿していた。また，アイドルとして劇場で活動していることや，パソコン店やゲームセンターなどでアルバイトしていることを示す記事もみられた。

3　日本橋のまちづくり

1）商業振興組織の活動

日本橋で組織された商業振興組織は南大阪電友会がその嚆矢である。南大阪電友会は電器やラジオの部品卸商など20店舗により1948年に組織され，大阪電友会，大阪電気協栄会，でんでんタウン協栄会と名称を変えながら，現在まで電気の街・日本橋のPR・集客活動を展開してきた。また，1950年に結成された平和通り商店会（現・なんさん通り商店会）と日本橋商店会を皮切りに，1964年に日本橋筋商店街振興組合が，1970年に五階本通商店会が結成され，それぞれに商店街のPR・集客活動を展開した。このように日本橋では，家電販売店を中心とする商業振興組織と，商店街ごとに業種横断的に展開される商業振興組織とが戦後から現在まで併存してきた。

日本橋でまちづくり[10)]と称する活動が具体化したのは1980年代後半である。1988年にでんでんタウン協栄会内に若手経営者による街づくり専門委員会が発足し，そこでの検討を踏まえ，1989年から「でんでんタウン21プロジェクト」（以下，21プロジェクト）が開始された。具体的には街の美化部会とイベ

10）本章ではまちづくりを，商業振興のみならず，「多様な主体が連携・協力して，身近な居住環境を漸進的に改善し，まちの活力と魅力を高め，「生活の質の向上」を実現するための一連の活動」（日本建築学会編, 2004）と定義する。

ント部会，インフォメーション部会が組織され，清掃・美化活動や機関紙発行，英会話教室などが実施された。

2）まちづくり会社の設立

1990年代後半からは，21プロジェクトの活動をさらに充実させるため，発言力のある年輩者が多数を占めるでんでんタウン共栄会は，行動力のある若手商店主が構成する日本橋筋商店街振興組合青年部（以下，青年部）と，相互に補完しあうことを目的に連携を模索するようになった。その連携が具体化してきたのは2000年代に入ってからである。当時の青年部部長A氏がまちづくり活動を行う会社の設立を提案し，両組織役員の了解が得られたことを受けて，A氏の提案に賛同した19名の商店主が各100万円を出資して2003年5月に日本橋まちづくり振興株式会社（以下，まち会社）を設立した。

まち会社の設立を提案し，設立当初の運営を担ったA氏は，若い商店主らにまち会社の運営に参加してもらい，彼らの意欲とアイデアが発揮されるように努めた。この時，若い商店主らが提案したのは日本橋を「オタクの街」として売り出そうということであった。この提案に対して年輩の電器店主らから強い反対があったが，Aを中心とするまち会社の役員は，若い商店主の意欲とアイデアを尊重すること，すでにオタク向け専門店に相当の集客がみられることを理由に反対者を説得し，オタクの街づくりを推進していくことの合意を得た。

オタクの街づくりに関わるまち会社のおもな事業は，案内所運営，冊子制作，イベント開催，キャラクター制作，起業支援である。このうち，堺筋に2006年にオープンした日本橋総合案内所では，地図を配布したり，スタッフを配置して来街者の問い合わせに答えたりしている。冊子制作も2006年から始められた。最初に制作されたのは，「日本橋発！　サブカル情報発信マガジン」をうたい文句とするフリーペーパー「日本橋メディア」である。そこでは，従来からの電器小売店に加えてオタク向けの専門店やイベントが紹介されたり，日本橋で活動するアイドルが特集されたりした。2009年からはポップカルチャー&ホビーマガジン「Pombashi Map」にリニューアルされ，3カ月に1回のペースで発行されている。

日本橋にはすでに電気の街を象徴するキャラクター「でんのすけ」が存在し

たが，オタクの街を象徴する新しいキャラクターとして「音々（ねおん）ちゃん」と「光（ひかり）ちゃん」という少女のキャラクターが新たに創作された。まち会社はそのイラストをウェブサイトや印刷物，屋外看板などに使用しているほか，図書カードや携帯クリーナー，ケーキなどの関連商品を開発，販売している。

また，まち会社主催のストリートフェスタなどのイベントも開催している。ストリートフェスタは2005年から始まり，毎年3月に開催されるイベントで，毎年およそ20万の人出がある。イベント開催日には堺筋が歩行者天国となり，ステージイベントやブース出展が行われるほか，約3,000人のコスプレ[11)]愛好者が街歩きと写真撮影などを楽しんでいる。

起業支援に関しては，2006年からCGアニメ制作企業などが入居する日本橋CGアニメ村が開設，運営されている。開設当初は6主体が入居し，各主体の事業を営むとともに，まち会社と共同で映画やアニメに関わるイベントを開催した。

まち会社は，これらの事業を通じて，以下の成果を挙げることができた。第1は，オタクの街としての知名度を高めたことである。これにより，オタクはもとより外国人観光客を含めたオタク以外の人の集客に結びつけることができた。第2は，電器小売店とオタク向け専門店の協力関係が形成されてきたことである。それを媒介したのが冊子であり，これに広告を掲載する電器小売店とオタク向け専門店はまち会社の組織する日本橋まちづくりネットワークに加盟して，共同でPR活動を展開するようになった。第3は，オタク向け専門店による主体的なまちづくり活動が生まれてきたことである。たとえば，日本橋まちづくりネットワークに加盟するメイドカフェやメイドリフレクソロジーの各店が同ネットワークの下部組織としてメイド部を組織し，定期的に街の清掃活動を行うようになった。

11）コスチューム・プレイを語源とする和製英語。アニメやゲームなどの登場人物などに扮する行為をいう。

3) まちづくりへのオタクの参画

日本橋におけるオタクの行動は，オタク向けの専門店やイベントにおける自己の表出と共有，メイドやアイドルなど趣味を生かした仕事／活動に加えて，まち会社の事業に参画する例もみられる。それを仕掛けたのが，まち会社設立の提案者であり，初期の運営を担ったA氏である。彼は，まち会社の設立2年目にあたる2004年に，オタクの行動と文化に詳しいB氏を役員に登用した。B氏は1995年にアニメソフト販売店を，2004年に自主映画上映とイベント開催のための劇場を日本橋にオープンさせるとともに，「日本橋ブログ」の作者としてオタクの街・日本橋の情報を発信する役割を果たしてきた人物である。B氏は，アニメや映像に関する知識・ノウハウとネットワークを活用して，まち会社の運営に貢献してきた。たとえば，B氏が運営する劇場を会場として，まち会社と日本橋CGアニメ村で組織する実行委員会が「日本橋映画祭」を開催した。B氏はまた，ストリートフェスタが開催されるようになってからは，大阪市長が務める実行委員長のもとで運営委員長を務めている。

ブログ「おまけ的ポンバシ」を開設するC氏も，オタク趣味が高じてまち会社の活動にかかわるようになった者の1人である。兵庫県出身の彼は，学生時代から自作パソコンの部品や漫画，ゲームの購入を目的に，日本橋にたびたび訪れていた。大学卒業後は日本橋を訪れる機会が一時的に減少したが，2004年から始めたブログで日本橋のことを書き記すようになると，日本橋に訪れる機会が再び増加した。2007年には前職を退職し，ストリートフェスタの運営に参加したりしていたところ，案内係員を募集していたまち会社に雇用されることになった。C氏は日本橋総合案内所において案内役を果たすとともに，冊子に広告を掲載する店舗との調整，ストリートフェスタの運営などにかかわっている。これらの業務を行う上で，C氏がまち会社に雇用される以前から日本橋の電器小売店やオタク向け専門店を訪ね，各店舗の情報を収集するとともに，店員と知り合いになっていたことが役立っているという。

mixiコミュニティ「コスプレ@関西」を管理するD氏もまち会社の活動に協力している。D氏は中学生の頃からアニメや声優に興味をもち，日本橋にあるアニメ専門店にしばしば訪れていた。社会人になってコスプレにも興味をもつようになり，イベント会社が企画するコスプレイベントに参加して自己表出と他者との交流を楽しむようになっていた。その頃，まち会社はストリートフェスタのメイン企画としてコスプレのパレードを立案し，その具体化に向けて，コスプレをテーマとするウェブサイトを開設していたD氏に協力を要請した。D氏はウェブサイトやブログ，mixiコミュニティを通じてコスプレ仲間にコスプレ・パレードへの参加を呼びかけ，同イベントの中心的役割を果たすようになった。

このように，日本橋におけるオタクの街づくりは，電気街の時代からまちづくりを支えてきた商店街振興組合のキーパーソンが，オタクの街・日本橋の磁力に惹きつけられ集まってきた若者を巻き込み，彼らの意欲とアイデア，行動を引き出し，後押しするかたちで展開されてきた。そして，自らもオタクであり，オタクの感性と興味に応じた企画を立案できる彼らの存在が，オタクの街・日本橋のまちづくりに重要な役割を果たした。

4）行政の対応

日本橋における商業者が主体となったオタク文化を活かした街づくりについて，行政は新たな発想による商店街振興の動きと捉え，積極的な支援を行っている。大阪市は2006年度から2009年度までストリートフェスタに補助金を支出するなど，オタクの街づくりを経済的に支援した。経済的支援以外にも，大阪市長がストリートフェスタ実行委員長を務めたり，警察がストリートフェスタ開催時の交通整理に協力したりしている。このほか，日本橋筋商店街振興組合は2010年度，日本のサブカルチャーを海外に発信することを目的とした「日本橋ポップカルチャーフェスティバル」を開催するにあたり，地域商業活性化事業により国の補助を受けた[12]。こうした支援の動きは，行政がオタク文化を新たな観光・集客資源と位置づけ，それを活用しようと考えたことから始まったものである。

一方で，近年，オタク向け専門店の出店が相次ぎ，競争が激化する中で，悪質業者による不当な客引きがみられるほか，放置自転車や落書きなど地域環境

12）東日本大震災の影響でイベントが中止となったため，実際には広報費のみ補助された。

を悪化させる事態も生じている。これに対し，日本橋の商店会と日本橋筋商店街振興組合，まち会社，ストリートフェスタ実行委員会，関係町会は2012年，浪速区役所や警察の協力を得て「日本橋安全まちづくり協議会」を設立し，防犯パトロールやマナー啓発活動などを開始した。このように，日本橋の商業者は，行政や警察からの支援を得て，オタクを巻き込みながら，オタクの街づくりを推進する一方で，そこに付け入ろうとする悪質業者やマナーの悪い来街者を行政や警察，住民の協力を得て規制するという対応を迫られている。

5）日本橋まちづくりの特徴

以上，本章では，オタクが自宅からインターネット，さらには都市へと自己表出場所を拡大した結果として，大阪・日本橋にオタクの街が形成される中で，都市における既存の権力サイドがそれを新たな集客資源と捉え，普通とはみなされない趣味をもつオタクを巻き込み，その感性と嗜好を活かすかたちでまちづくりに取り組む過程を確認した。すなわち，商店街などの既存の権力サイドだけでなく，独特の感性と嗜好をもつオタクという外部アクターを内部化しながら，まちづくりに取り組んだ点に，日本橋まちづくりの独自性が認められる。

大阪・日本橋の経験は，現在，日本各地で構想，推進されている漫画やアニメなどのコンテンツを活用したまちづくりに対して，有用な示唆を与えてくれる。第1は，商店街振興組合など既存組織の内部と外部のアクターが協働することである。第2は，まちづくりに参画する外部アクターは集客対象と同じ感性や嗜好をもつ者（オタク）が望ましいということである。第3は，街がオタクにとって自己表出場所となり，居場所／ホームとして認識できるようにすることである。これらを具体化するためには，行政や商店街振興組合など既存の権力サイドが，普通とはみなされない趣味をもつオタクを受け入れる寛容さと，まちづくりに巻き込む柔軟さをもつことが鍵になるであろう。

【文　献】

相田美穂（2006）．萌える空間―メイドカフェに関する社会学的考察　広島修大論集 **47**, 193–219.

佐々木義之（2008）．日本橋―創造商店街へ　塩沢由典・小長谷一之［編著］まちづくりと創造都市―基礎と応用　晃洋書房, pp.135–146.

杉山和明（2009）．「出会い系メディア」が創出する空間と社会規制　神田孝治［編著］レジャーの空間―諸相とアプローチ　ナカニシヤ出版, pp.192–200.

中部産業活性化センター（2009）．観光におけるサブカルチャーコンテンツの活用に関する調査研究

出口　弘・田中秀幸・小山友介［編］（2009）．コンテンツ産業論―混淆と伝播の日本型モデル　東京大学出版会

中島　梓（1991）．コミュニケーション不全症候群　筑摩書房

日本建築学会［編］（2004）．まちづくり教科書1　まちづくりの方法　丸善

NIPPON–BASHI HEADLINE 編集部（2008）．日本橋地域の店舗出店動向調査（2005～2007年）〈http://shop.nippon-bashi.biz/（最終閲覧日：2012年6月2日）〉

野村総合研究所オタク市場予測チーム（2005）．オタク市場の研究　東洋経済新報社

森川嘉一郎（2008）．趣都の誕生―萌える都市アキハバラ（増補版）　幻冬舎

山口　晋（2009）．ストリート・アーティストによる空間創造とその管理　神田孝治［編著］レジャーの空間―諸相とアプローチ　ナカニシヤ出版, pp.93–103.

事項索引

ハ行

マ行

ヤ行

ラ行

人名索引

執筆者紹介（* は編者）

原　真志 *（はら しんじ）
香川大学大学院地域マネジメント研究科教授
担当：序章

山本健太 *（やまもと けんた）
國學院大學経済学部准教授
担当：序章，第 3 章，第 4 章

和田　崇 *（わだ たかし）
県立広島大学経営情報学部准教授
担当：序章，第 5 章，第 6 章，第 9 章，第 10 章

半澤誠司（はんざわ せいじ）
明治学院大学社会学部准教授
担当：第 1 章

増淵敏之（ますぶち としゆき）
法政大学大学院政策創造研究科教授
担当：第 2 章

有馬貴之（ありま たかゆき）
首都大学東京経済学部講師
担当：第 7 章

岩鼻通明（いわはな みちあき）
山形大学農学部教授
担当：第 8 章

シリーズ・21 世紀の地域②
コンテンツと地域
映画・テレビ・アニメ

2015 年 12 月 25 日　初版第 1 刷発行

編　者　原　真志
　　　　山本健太
　　　　和田　崇
発行者　中西健夫
発行所　株式会社ナカニシヤ出版
〒606-8161　京都市左京区一乗寺木ノ本町 15 番地
Telephone　075-723-0111
Facsimile　075-723-0095
Website　http://www.nakanishiya.co.jp/
Email　iihon-ippai@nakanishiya.co.jp
郵便振替　01030-0-13128

印刷・製本＝ファインワークス／装幀＝白沢　正

ISBN978-4-7795-1011-3